UNTERRICHTSIDEEN

Fächerverbindende Themen

für das
1. und 2. Schuljahr

Von
Arnold Grömminger
und
Michael Schwander

Ernst Klett Grundschulverlag
Leipzig Stuttgart Düsseldorf

Quellenverzeichnis

Texte

Baumann, Hans: Lesestunde S. 66). Aus: Lesestunden. – Rechte bei Elisabeth Baumann, Murnau.

Bull, Bruno Horst: Ein Buchstabe fehlt (S. 14). Aus: Rund um das Jahr – Die schönsten Gutenachtgeschichten für Kinder. – © Bassermann Verlag. – Verdrehte Tiere (S. 15). Aus: Rund um das Jahr – Die schönsten Gutenachtgeschichten für Kinder. – © Bassermann Verlag.

Grömminger, Arnold: Inga (S. 88, Kopiervorlage Nr. 41). Aus: Ich will lesen. – © 1988 by Ferdinand Kamp Verlag, Bochum.

Guggenmos, Josef: Die Tulpe (S. 27). Aus: Was denkt die Maus am Donnerstag? – © 1965 by Georg Bitter Verlag, Recklinghausen.

Kern, Ludwik J.: Der Ball (S. 55). Aus: Ein Reigen um die Welt. 274 Gedichte aus 75 Sprachen. Hrsg.: Hans Baumann. – Rechte bei Elisabeth Baumann, Murnau.

Krenzer, Rolf: Streng geheime Bekanntmachung (S. 58). Aus: Augenaufmachen. 7. Jahrbuch der Kinderliteratur. Hrsg.: Hans-Joachim Gelberg. – © 1984 by Beltz Verlag, Weinheim und Basel, Programm Beltz & Gelberg, Weinheim.

Lengren, Zbigniew: Grau und Rot (S. 84). Aus: Ein Reigen um die Welt. 274 Gedichte aus 75 Sprachen. Hrsg.: Hans Baumann. – Rechte bei Elisabeth Baumann, Murnau.

Manz, Hans: Wunder des Alltags (S. 13). Aus: Das achte Weltwunder. 5. Jahrbuch der Kinderliteratur. Hrsg.: Hans-Joachim Gelberg. – © 1979 by Beltz Verlag, Weinheim und Basel, Programm Beltz & Gelberg, Weinheim.

Moser, Erwin: Zwerg (S. 57). Aus: Augenaufmachen. 7. Jahrbuch der Kinderliteratur: Hrsg.: Hans-Joachim Gelberg. – © 1984 by Beltz Verlag, Weinheim und Basel, Programm Beltz & Gelberg, Weinheim.

Rathenow, Lutz: Zitat (S. 56). Aus: Wie man Berge versetzt. 6. Jahrbuch der Kinderliteratur. Hrsg.: Hans-Joachim Gelberg. – © 1981 by Beltz Verlag, Weinheim und Basel, Programm Beltz & Gelberg, Weinheim.

Seuss, Dr.: Zuviele Fritze (S. 12). Aus: Die Schnipfen.

Vahle, Fredrik: Keine Angst vor fernen Planeten (S. 54). Aus: Was für ein Glück. 9. Jahrbuch der Kinderliteratur. Hrsg. Hans-Joachim Gelberg. – © 1993 by Beltz Verlag, Weinheim und Basel, Programm Beltz & Gelberg, Weinheim.

Vincent, ein Junge aus Lüttich (Belgien): Ich liebe meinen Hund (S. 9). Aus: Ein Reigen um die Welt. 274 Gedichte aus 75 Sprachen. Hrsg.: Hans Baumann. – Rechte bei Elisabeth Baumann, Murnau.

Wendt, Irmela: Die Ameise (S. 56). Aus: Wie man Berge versetzt. 6. Jahrbuch der Kinderliteratur. Hrsg.: Hans-Joachim Gelberg. – © 1981 by Beltz Verlag, Weinheim und Basel, Programm Beltz & Gelberg, Weinheim.

Wittkamp, Frantz: Alle Tage sind verschieden (S. 13). Aus: Was für ein Glück. 9. Jahrbuch der Kinderliteratur: Hrsg.: Hans-Joachim Gelberg. – © 1993 by Beltz Verlag, Weinheim und Basel, Programm Beltz & Gelberg, Weinheim.

Nicht in allen Fällen war es uns möglich, den uns bekannten Rechteinhaber ausfindig zu machen. Berechtigte Ansprüche werden selbstverständlich im Rahmen der üblichen Vereinbarungen abgegolten.

Lieder

Boge-Erli, Nortrud (Text)/Kreusch-Jacob, Dorothée (Melodie): Ich möchte mal wer anders sein (S. 67). Aus: Neue Kinderlieder. Hrsg.: Gisela Walter. – Rechte bei den Autoren.

Ehrhardt, Monika (Text)/Lakomy, Reinhard (Melodie): Liebkoselied (S. 14). Aus: Der Traumzauberbaum. – Rechte bei den Autoren.

Fuchs, Peter (Text)/Melodie aus Frankreich: Hoch im Turm (S. 22). Aus: Unser Musikbuch – Quartett 2. – © 1989 by Ernst Klett Schulbuchverlag, Stuttgart.

Hoffmann, Klaus W. (Text und Melodie): Ich habe viele, viele Namen (S. 8). Aus: Neue Kinderlieder. Hrsg.: Gisela Walter. – © by Aktive Musik Verlagsgesellschaft, Dortmund.

Longardt, Wolfgang (Text und Melodie): Wenn Finsternis ein Licht erhellt (S. 32). Aus: Wenn Finsternis ein Licht erhellt. – Rechte beim Autor.

Longardt, Wolfgang (Text)/Jöcker, Detlev (Melodie): Ein Kerzenlicht am Tannenzweig (S. 33). Aus: Kommt, wir feiern Weihnachten. – © Menschenkinder Verlag, Münster.

1. Auflage 1 6 5 4 3 2 1 2001 00 99 98 97

Die Kopiervorlagen dieses Werkes folgen
der reformierten Rechtschreibung und Zeichensetzung.
Die letzte Zahl bezeichnet das Jahr dieses Druckes.
© Ernst Klett Grundschulverlag GmbH, Leipzig 1995. Alle Rechte vorbehalten.

Redaktion: Christine Thirase-Nitzschke, Herrenberg

Grafik: Matthias Dehlinger
Satz: Steffen Hahn GmbH, Kornwestheim
Druck: Druckhaus Götz GmbH, Ludwigsburg
ISBN 3-12-196112-8

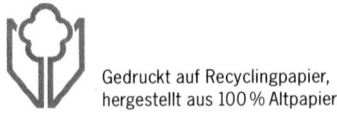

Gedruckt auf Recyclingpapier,
hergestellt aus 100 % Altpapier.

Inhalt

1	**Fächerverbindendes Unterrichten – eine Einleitung**	4
2	**Fächerverbindende Themen**	6
2.1	Namen geben – Namen haben	6
2.2	Ziffern und Formen untersuchen	17
2.3	Den Frühling begrüßen	24
2.4	Warten auf Weihnachten	31
2.5	Bücher machen und vorlesen	39
2.6	Ernten und feiern	45
2.7	Handeln und bewegen im Raum	49
2.8	Verhüllen und verändern mit Materialien	60
2.9	Wünschen und brauchen	69
2.10	Hören – verstehen – sich verstehen	75
2.11	Leben mit Tieren	86

Literatur 90

Kopiervorlagen

Hinweis:

Auf der Randspalte erfolgen die Querverweise auf die zu den Aufgaben gehörenden Kopiervorlagen wie folgt:

1 Fächerverbindendes Unterrichten – eine Einleitung

Fächerverbindender Unterricht ist für die meisten Lehrerinnen und Lehrer an der Grundschule nichts Neues. Da weitgehend nach dem Klassenlehrerprinzip unterrichtet wird, d. h. eine Lehrkraft immer mehrere Fächer in einer Klasse unterrichtet, liegt die Verbindung fachlicher Aspekte unter einer Thematik nahe. Selbst in den siebziger Jahren, als die Lehrpläne unter rein fachwissenschaftlichen Gesichtspunkten abgefaßt waren, wurde fächerübergreifendes Arbeiten praktiziert. Dies hängt vor allem mit der Tradition der Grundschule zusammen, die gesamtunterrichtlichen Prinzipien immer verpflichtet war.

Gesamtunterricht

Die Gesamtunterrichtsbewegung ist eine der Strömungen, die von der Reformpädagogik ausgingen.
Zugrunde liegt eine scharfe Kritik am Fachunterricht, wie er im ständisch orientierten und zersplitterten Schulwesen mit Vorschulen und Privatunterricht üblich war. Das Reichsgrundschulgesetz von 1920 beendete diesen Zustand mit der Schaffung der „Einheitsschule". In ihr sollte die Zerstückelung des Lehrstoffes in zahlreiche Unterrichtsfächer überwunden werden. Die ganzheitliche kindliche Erlebnisweise fordert demnach einen Unterricht, in dem zusammenhängende Themenkomplexe behandelt werden müssen. Diese Bemühungen um einen kindgemäßen Anfangsunterricht fanden ihren Niederschlag in den Grundschulrichtlinien von 1921. Danach ist der Gesamtunterricht verpflichtend als „Unterbau, der sich allmählich gliedert" in die einzelnen Fächer.
Die Bildungspläne für die Grundschule aus den achtziger Jahren verwenden den Begriff „Gesamtunterricht" oder „gesamtunterrichtlich" kaum mehr.

Fächerübergreifender Unterricht

Statt dessen wird häufig von „fächerübergreifendem Unterricht" gesprochen. Dieser Begriff ist nicht identisch mit Gesamtunterricht. Beim fächerübergreifenden Unterricht wird dieselbe Thematik auf die jeweils fachspezifische Weise in mehreren Schulfächern behandelt. Es bleibt also bei einem Nebeneinander der einzelnen Fächer, wie dies in den weiterführenden Schulen durch die verschiedenen Fachlehrer deutlich wird.

Fächerverbindender Unterricht

Neuerdings taucht vielfach der Begriff „fächerverbindender Unterricht" auf. Bei dieser Organisationsform soll das Nebeneinander der Fachaspekte zugunsten einer Integration aufgehoben werden. Kindliche Interessen und Zugangsweisen sind nicht fachorientiert. Die Neugierde der Kinder gilt den Sachen und ihren Zusammenhängen, denen allerdings eine bestimmte Struktur zugrunde liegt. Sach- und fachspezifische Arbeitsweisen müssen also durchaus auch bei einer stärkeren Ausrichtung des Unterrichts an den kindlichen Interessen berücksichtigt werden. Somit ergibt sich die Aufgabe, in didaktisch angemessener Weise einerseits Lehrgänge durchzuführen und andererseits auch fächerverbindende Vorhaben zu verwirklichen.

Fächerverbindende Themen

Der Fächerkanon, wie er in allen Bildungsplänen für die Grundschule aufgeführt ist, kann durch fächerverbindende Themen ergänzt und strukturiert werden. Es gibt Lehrpläne, welche dies berücksichtigen. Neu ist nicht der Grundsatz fächerverbindenden Arbeitens in der Grundschule, neu ist die ausdrückliche Hervorhebung bestimmter Themen, an denen dies praktiziert werden soll. Dabei hat jedes Thema eine eigene Zielsetzung, verschiedene Themenaspekte sowie Hinweise zur Durchführung.

Zum Aufbau der hier vorgestellten Themen

Die fächerverbindenden Themen, um die es hier geht, sind keine Ansammlung von Fachaspekten. Sie sind Modelle ohne Fächerdenken, die auch ungewöhnliche Inhalte ermöglichen. Dies kommt auch im didaktischen Aufbau der Einheiten zum Ausdruck, wie sie im vorliegenden Band konzipiert sind.

Die Arbeitsvorschläge sind projektartig zusammengestellt. Es wird nicht bei jeder Aufgabe darauf verwiesen, ob sie nun mehr dem Fachaspekt Deutsch, Sachunterricht, Mathematik oder dem musisch-ästhetischen Gegenstandsbereich zuzuordnen ist. Dies würde der Intention eines fächerverbindenden Arbeitens, das von komplexen Sachverhalten ausgeht, eher zuwiderlaufen. Natürlich lassen sich bestimmte Aspekte fachspezifisch aufgreifen und vertiefen.

Es ist nicht daran gedacht, daß immer alle Arbeitsvorschläge eines Themenbereichs umgesetzt werden; dies wäre schon aufgrund der notwendigen Zeit unrealisierbar. Es handelt sich bei dieser Materialsammlung vielmehr um ein Angebot zum Auswählen, wobei das eine oder andere Thema je nach Möglichkeit und Einschätzung des Lehrers/der Lehrerin wirklich projektartig durchgeführt werden sollte.

Der Aufbau der einzelnen Themeneinheiten gestaltet sich aus sachlogischen Gründen nicht immer in gleicher Weise: Unterrichtsgänge mit Arbeitsaufträgen, handlungsorientierte Aufgabenstellungen im Unterricht sowie die Bearbeitung von Aufgabenblättern sind bei den einzelnen Themen unterschiedlich gewichtet.

Zur Methode

Bezüglich der Methode werden zwei Vorgehensweisen besonders berücksichtigt: Der *Gesprächskreis* als Einstiegsform in viele Aufgabenstellungen beinhaltet mannigfaltige Aspekte des Lernens. Zum einen kommt der Gesprächserziehung im Anfangsunterricht besondere Bedeutung zu (Gesprächsregeln), zum anderen bietet die Möglichkeit individueller Beiträge zu bestimmten Themen, an denen die subjektiven Interessen und das persönliche Engagement der Kinder sichtbar werden, für den Lehrer/die Lehrerin die Chance der Beobachtung, Einschätzung und Hilfestellung. Des weiteren bestimmt der *Gedanke des ganzheitlichen Lernens* in der Bedeutung von „Lernen mit allen Sinnen" zahlreiche Einzelaufgaben innerhalb der Themen. So werden viele Themenaspekte betrachtend, experimentierend und körperlich umsetzend in Erfahrung gebracht. Manuelle Gestaltungsaufgaben finden sich dabei ebenso wie musisch-ästhetische.

Im Anschluß an die Zielangaben und die Erläuterungen zum didaktischen Kontext der einzelnen Themen wird jeweils ein Vorschlag für den Zeitpunkt der Behandlung im Unterricht gemacht.

2 Fächerverbindende Themen

2.1 Namen geben – Namen haben

Ziele

Mit dem Schulbesuch gewinnen die Kinder eine neue Identität als Schulkind. Sie müssen deshalb Gelegenheit bekommen, in diese neue Rolle hineinzuwachsen und sich ihrer bewußt zu werden. Dazu ist es notwendig, daß sie sich selbst, aber auch die Mitschüler in ihrer Individualität wahrnehmen, um das Verhältnis zueinander in angemessener Weise gestalten zu können. Der eigene Name ist Ausgangspunkt dieser Standortbestimmung, aber auch Anlaß zur Schulung der Sinne, der Wahrnehmung und der Ausdrucksfähigkeit. Er beinhaltet für die meisten Kinder erste Erfahrungen mit der Schriftsprache. Die gemeinschaftsbildende Funktion dieses Themas kann vertieft werden durch Feste und Feiern im Schulleben.
Der Schulbeginn ist selbstverständlich der richtige Zeitpunkt für dieses Thema.

Didaktischer Kontext

Wenn Eltern einen Namen auswählen, verknüpfen sie damit Wünsche, Vorstellungen oder Beziehungen. So gibt es in manchen Familien die Tradition, daß der erste Junge den Namen des Großvaters väterlicherseits, der zweite Junge den Namen des Großvaters mütterlicherseits bekommt oder daß Namensbeziehungen zu anderen Vorfahren hergestellt werden, durch die familiäre Tradition oder Verbundenheit ausgedrückt werden sollen. In anderen Fällen ist es das religiöse Bekenntnis, das beispielsweise zur Wahl des Namens einer Heiligen führt, die besonders verehrt wird. In katholischen Familien wird deshalb häufig der Namenstag besonders gefeiert. Während früher derartige Beweggründe für die Wahl eines Namens üblich waren, beobachtet man heute sehr deutlich Modeerscheinungen, die natürlich auch ihre Ursachen haben. Die Namen bekannter Personen aus der Film-, Sport- oder der Musikszene werden übernommen, häufig sogar in der Form, wie sie in ihren Ursprungsländern gebräuchlich sind.
In aller Regel identifizieren sich Kinder sehr früh mit ihrem Namen; das geschieht meist distanzlos und entspricht dem egozentrischen Weltbild des Kindes, das auch noch bei Schuleintritt vorherrscht. Wenn das Kind irgendwo den eigenen Namen hört, fühlt es sich unmittelbar angesprochen. Namensgleichheiten werden oft auch von den nicht betroffenen Kindern mit Staunen und Neugier zur Kenntnis genommen. Das Thema „Namen geben – Namen haben" fordert in besonderem Maße dazu heraus, daß sich die Kinder mit wichtigen Aspekten ihrer Identität auseinandersetzen. Es kann also nicht darum gehen, die dazugehörigen Aufgabenblätter einfach auszufüllen und es dabei zu belassen. Vielmehr bedarf es einer gründlichen Vorbereitung und Auswertung dessen, was in den Aufgabenblättern nur anklingen kann.
Hilfreich ist, wenn jedes Kind Gelegenheit hat, vorher zu überlegen, wie es sein Blatt „füllen" will, sowohl inhaltlich als auch technisch.

 Das bin ich!

Organisation Sitzkreis, Kleingruppen-, Partner- oder Freiarbeit

Material Fotos der Kinder, Farbstifte bzw. andere Utensilien zum bildhaften Gestalten, Aufgabenblatt (Fotos von den Kindern lassen sich auch sehr gut mit einer Sofortbildkamera erstellen.)

Durchführung

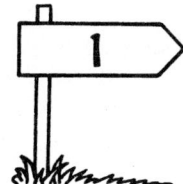

Neben Foto (Zeichnung) und Vornamen geht es um die bildhafte Gestaltung eines Ortes, an dem sich ein Kind wohl fühlt. Dieser Ort kann räumlich oder personenbezogen ausgestaltet werden. Die Kinder offenbaren hierbei zwangsläufig einen individuellen Aspekt ihrer Person. Damit dies leichter gelingt, ist es wichtig, daß auch die Lehrerin oder der Lehrer etwas von ihrer/seiner Person preisgibt, daß z. B. ein beliebter Aufenthaltsort anschaulich und anregend beschrieben wird. Folgendes Spiel könnte diese Aufgabe vorbereiten oder auch ergänzen:

 Phantasiereise

Dieses Spiel eignet sich sowohl zur Anbahnung von Vertrauen wie auch als Übung zum ungehinderten Sich-frei-sprechen vor einer Gruppe. Beides ist für die Herausbildung mündlicher Sprachkompetenz von besonderer Bedeutung.

Darüber hinaus geht es in dem Spiel um eine Vorform von stärker strukturiertem Erzählen, um sprachliche Artikulation dessen, was in der Phantasie erlebt wurde. Solches Fabulieren gehört zu den freieren Formen sprachlichen Handelns, ist noch wenig an Regeln der Gliederung, der Themenkonsistenz u. a. gebunden. Andererseits wird gerade dadurch Raum frei zur sprachlichen Gestaltung von Details, zu bildhaftem Ausdruck, zur farbigen Beschreibung von Erlebnissen und Gefühlen.

Organisation   Sitzkreis

Material   Ball

Durchführung   Die Kinder sitzen möglichst bequem im Kreis und schließen die Augen. Vereinbart wird, daß für einige Minuten nicht gesprochen wird.

Anweisung: *„Jeder geht in seiner Vorstellung, seiner Phantasie, für sich dorthin, wo er sich besonders wohl fühlt. Achtet darauf, was an Bildern alles auftaucht und was euch gefällt. Das gelingt vielleicht nicht jedem sofort, aber wir dürfen uns Zeit lassen."*

Falls der Lehrer/die Lehrerin den Eindruck hat, daß die Kinder mit dieser sehr offenen Aufgabenstellung überfordert sind, oder aber die Kinder noch sehr wenig Erfahrung mit derartigen Vorstellungsübungen haben, könnten einige Beispiele als Anregung vorgegeben werden, etwa: *„Ich fühle mich besonders wohl in meiner Hängematte zwischen den beiden Apfelbäumen; von meiner Schwester weiß ich, daß sie sich besonders wohl fühlt bei ihrer Freundin; von meinem Sohn weiß ich, daß er sich besonders wohl fühlt, wenn er Ferien hat; ich fühle mich aber auch besonders wohl, wenn ich Musik höre."*

Die Phantasiereise kann zusätzlich von leiser Musik begleitet werden.

Nach einigen Minuten wird die Phantasiezeit beendet. Alle sehen sich reihum an, um in die reale Situation zurückzukehren. Wer will, läßt sich den Ball zuspielen und berichtet dann von seiner Phantasiereise. Danach wird der Ball einem anderen Kind zugespielt. Nur wer will, nimmt den Ball und berichtet. Da Phantasie etwas ganz Persönliches ist, darf es keinerlei Zwang beim Erzählen geben. In aller Regel aber sind Kinder dieses Alters kaum zu bremsen. Verbale Selbstbeherrschung ist ihnen noch fremd, „die Intimität des Ich" (Piaget 1983, S. 47) erst im Aufbau.

Die Phantasieberichte werden weder bewertet noch kommentiert.

 Ich habe mehrere Namen

Vielen Kindern ist keineswegs bewußt, daß der eigene Name variieren kann – vom Kosenamen bis zum Spitz- oder Schimpfnamen –, je nachdem wie die Beziehung des Sprechers zum Adressaten beschaffen ist, d. h. wie andere zu ihm stehen. Zur

Unterrichtsideen	Namen geben – Namen haben

Entwicklung und Wahrnehmung des eigenen Ichs gehört auch, daß jedes Kind bis zu einem gewissen Grad akzeptieren muß, wie es von Mutter, Vater, Geschwistern und Fremden (unterschiedlich) genannt wird, daß es sich aber andererseits auch darüber klarwerden sollte, wie es genannt werden möchte, und daß es darauf Einfluß hat. Im Zusammenhang mit dem Aufgabenblatt können hier mögliche Konflikte, die mit Namensbezeichnungen verbunden sind, angesprochen werden. So ist es durchaus möglich, daß ein Kind seine Geschlechtsrolle nicht akzeptiert oder aber mit Namensentstellungen nicht einverstanden ist, sich aber nicht traut, ohne Beistand darüber zu sprechen.

Organisation — Kleingruppen-, Partner- oder Freiarbeit

Material — Aufgabenblatt, Bleistifte, Farbstifte, eventuell Stempel und Stempelfarbe

Durchführung — Da die meisten Kinder nur wenig mehr als ihren Vornamen schreiben können, muß die Lehrerin oder der Lehrer beim Schreiben helfen.
Anschließend gibt ein Klassengespräch jedem Kind die Gelegenheit, den Mitschülerinnen und Mitschülern zu sagen, wie es genannt werden möchte.
Besonders gut zu diesem Themenaspekt paßt das Lied von Klaus W. Hoffmann:

2. Wenn ich wütend bin,
   heiße ich „Giftzwerg",
   und „Schlumpf", wenn ich albern bin.
   „Glückspilz" ruft mich mein Bruder,
   wenn ich beim Spielen gewinn.

   Refrain: Ich habe viele ...

3. Wenn ich heule,
   nennt mich Opa „Brüllbär",
   was Besseres fällt ihm nicht ein.
   Und lieg ich in meinem Bettchen,
   soll ich Omas „Häschen" sein.

   Refrain: Ich habe viele ...

Unterrichtsideen — Namen geben – Namen haben

 Schenk mir deinen Namen

Zur Förderung des „Miteinander" und des gemeinsamen Lernens ist es wichtig, daß sich die Kinder gegenseitig näher kennenlernen. Das fängt bei den Namen an (vgl. Moeller-Andresen 1973, S. 18 f.).

Organisation	Einzel- und Klassenarbeit
Material	Klebeschildchen, Farbstifte, Aufgabenblatt
Durchführung	Auf Klebeschildchen kann man den eigenen Namen schreiben und verzieren. Kommt nun ein Kind und sagt z. B.: *„Schenk mir deinen Namen, Klaus!"*, so erhält es ein Klebeschild mit Namen, das es dann auf das Aufgabenblatt klebt. Alle Kinder wollen gerne möglichst viele Namen haben; das intensiviert das Kennenlernen und Sammeln der Namen aller: Jeder Name ist begehrt. Es ist wichtig, darauf zu achten, daß jedes Kind seinen Namen so oft verschenken darf, bis jedes andere Kind in der Klasse alle Namen vollständig hat. Beim Sammeln der Namen sollen sich die Kinder direkt einander zuwenden. Wenn die Klasse groß ist, kann man dieses Sammelspiel auch in Gruppen durchführen. Bei Bedarf erhält jedes Kind zwei Aufgabenblätter.

Die häufige „Produktion" des eigenen Namens ist, da er von anderen begehrt wird, eine „Selbstvergewisserung" eigener Art. Sie trägt zur Entwicklung des eigenen Ichs bei, zum Selbstverständnis. Außerdem bedeutet die Namensproduktion eine natürliche Annäherung an den funktionalen Umgang mit Schrift.

 Was ich gerne mag

Durch die Überlegungen eines belgischen Jungen über das, was er liebt, lassen sich die Kinder leicht bewegen zu thematisieren, was sie selbst lieben. Wenn die Lehrerin oder der Lehrer über die eigenen Vorlieben spricht, sind die Kinder doppelt motiviert, sich zu äußern.

> Ich liebe meinen Hund.
> Ich liebe meine Lokomotive,
> die ich hinter den Gitterstäben erblicke.
> Ich liebe das Flugzeug,
> das groß hinter den Häusern auftaucht
> und mich mitnimmt.
> Ich liebe meinen Namen,
> den ich oft hersage,
> wenn ich allein bin.
> Und ich brauche wohl
> kaum zu sagen,
> daß ich Vater und Mutter liebe.
>
> *Vincent, ein Junge aus Lüttich (Belgien)*

Organisation	Unterrichtsgespräch, Partner- und Einzelarbeit
Material	Aufgabenblatt, Plättchen oder Klötze, Bleistifte, Farbstifte, Scheren, Kaufhauskataloge, Klebstoff

| *Durchführung* | Die Lehrerin oder der Lehrer liest die Gedanken von Vincent langsam vor. Die Kinder haben die Aufgabe, darauf zu achten, wie viele „Sachen" Vincent liebt. Für jede genannte Sache legen sie ein Plättchen (Hund, Lokomotive, Flugzeug, Name, Vater, Mutter). Im Anschluß daran wird geklärt, daß es sich nicht nur um Sachen handelt, sondern auch um Lebewesen. Die weitere Arbeit gilt der Ausgestaltung des Aufgabenblattes. Jedes Kind legt zunächst so viele Plättchen auf das Blatt, wie es Dinge, Personen und Tiere entdeckt, die es selbst liebt. Dem Nachbarkind wird erläutert, wofür die Plättchen stehen (z. B.: *„Das Plättchen ist für meine Oma, das für meine Katze und das für meinen kleinen Bruder."*) |

Anschließend werden dann einige Zuordnungen bildhaft oder mittels Schrift festgehalten. Dabei geht es im oberen Teil um die Darstellung von Personen, die die Kinder mögen und die ihnen wichtig sind; im unteren Teil wird eine Collage angeregt.

 Was ich mir wünsche

Die Thematisierung von Wünschen und Wunschvorstellungen soll die Wahrnehmung und Artikulation eigener Gefühle und Vorstellungen fördern. Von Bedeutung ist, daß die Kinder allmählich ein Gespür dafür entwickeln, daß Wünsche keineswegs immer nur materieller Art sind. Wünsche können sich deshalb hier auch auf das Unerfüllbare, das Irreale, das Phantastische beziehen. Erfüllung oder Nichterfüllung von Wünschen haben sehr viel mit der eigenen Befindlichkeit zu tun.

Organisation	Unterrichtsgespräch, Einzelarbeit
Material	Aufgabenblatt, Bleistifte, Farbstifte, Illustrierte und Kataloge, Scheren, Klebstoff
Durchführung	Folgender Spruch (Tafel oder Folie) dient den Kindern als Impuls dafür, Beispiele zu erzählen, die belegen, daß man manchmal – wenn auch selten – genau das bekommt, was man sich wünscht:

Manchmal
kriegt man
genau das,
was man sich
gerade
wünscht

In deutlichem Kontrast hierzu steht das Aufgabenblatt: Obwohl nie alle Wünsche in Erfüllung gehen können, lohnt es sich, über unerfüllbare oder verrückte Wünsche zu sprechen, selbst wenn sie außerhalb jeder Realität liegen. Das kindliche Weltbild hat noch keine scharfen Grenzen zwischen Imagination und Realität. Deshalb sollen hier gerade solche Wunschvorstellungen ins Spiel gebracht werden, die die Wirklichkeit bewußt durchbrechen. Die Kinder können auf dem Aufgabenblatt malen und/oder ausschneiden und aufkleben.

Ich verrate euch etwas

Dieses Spiel fördert das Vertrautwerden mit Namen und Personen.

Organisation	Sitzkreis auf dem Boden
Material	Ball
Durchführung	Ali rollt den Ball zu Inga und erklärt: *„Ich heiße Ali und kann gut auf einem Bein stehen."* Diese verrät: *„Ich bin Inga und kann gut Flöte spielen."* Sie rollt den Ball zur Lehrerin. Die Lehrerin verrät: *„Ich heiße Isolde Glückauf und klettere für mein Leben gern."* Sie rollt den Ball zu Martin. Der sagt: *„Ich verrat euch was, was ich noch niemandem verraten hab: Ich esse gerne Erdbeeren."* Das Spiel geht so lange, bis jeder etwas von sich verraten hat.

Am nächsten Tag wird das „verräterische" Spiel in umgekehrter Weise versucht: Martin rollt den Ball zu Frau Glückauf und sagt: *„Von Ihnen weiß ich, daß Sie Isolde Glückauf heißen und für Ihr Leben gerne klettern."* Frau Glückauf rollt den Ball zu Inga mit den Worten: *„Du, Inga, hast mir verraten, daß du gut Flöte spielen kannst."* usw.

Kennen sich die Kinder schon mit Namen, so kann man diese weglassen und dennoch durch weitere Informationen das Vertrauen untereinander stärken. Hierbei sollen die Kinder möglichst solche Dinge verraten, die ungewöhnlich sind und die ihnen niemand zutraut.

Variationen — Mein Lieblingsplatz ist ... Ich fürchte mich vor ... Auch-Fragen: Ißt du *auch* so gern im Bett? Schläfst du *auch* so gern im Heu? Gehst du *auch* so gern zu den Pferden? Hast du *auch* Angst im Dunkeln?

 „Zuviele Fritze"

Im Zusammenhang mit dem Gedicht „Zuviele Fritze" von Dr. Seuss lassen sich mehrere Aspekte erarbeiten:
die Bezeichnungsfunktion des Namens, Kosenamen und Namen, die auf Eigenschaften oder Merkmale zurückgehen.

Organisation	Klassengespräch
Durchführung	Zuerst werden nur die beiden ersten Verszeilen vorgelesen und als Denkanstoß benutzt: Die Kinder überlegen, welche Folgen es haben könnte, wenn alle 23 Jungen Fritz hießen.

Dann wird weitergelesen bis „den einen anders genannt, etwa ..."
An dieser Stelle wird wieder unterbrochen; die Kinder schlagen Namen vor, die Frau Britz hätte wählen können (Tafelanschrieb). Erfahrungsgemäß nennen die Kinder gebräuchliche Vornamen wie Markus, Tobias, Thomas usw. Anschließend wird das Gedicht zu Ende gelesen. Die Kinder finden heraus, warum Frau Britz gerade an diese Namen denkt. Sie stellen fest, daß der eine vielleicht gut schwimmen kann, der andere viel quatscht, ein anderer manchmal stinkt, der nächste ein rundes Gesicht hat wie ein Luftballon, wieder einer dick ist usw. Nicht bei allen Namen kann man deutlich auf den Ursprung schließen. Manchmal können die Kinder phantasievoll mehrere Möglichkeiten in Erwägung ziehen.

Zum Abschluß könnte man den Kindern erneut den Auftrag geben, nochmals Namen für die vielen Söhne von Frau Britz zu finden. Man erkennt sehr schnell, inwieweit sie das Prinzip der Namensfindung verstanden haben.

Zuviele Fritze

Habe ich euch schon erzählt, daß Frau Britz
dreiundzwanzig Söhne hatte, und jeder hieß Fritz?!

Ja, so war das. Und es ging nicht immer so einfach zu.
Ihr versteht, wenn sie einen wollte und sie rief: „Ju-hu!
Fritz, komm nach Hause!" – kam nicht einer gerannt,
sondern dreiundzwanzig Fritze stürmten durchs Land!

Das machte das Leben schwer für Frau Britz,
ihr könnt es euch denken, bei so viel mal Fritz.
Oft wünschte sie, sie hätte, als diese geboren,
den einen anders genannt, etwa Pfriemel van Horen
und einen von ihnen Mus-Fuß, den anderen Schwimm
und einen von ihnen Stuß-Schuß oder Sonnen-Jim
und den einen Schnappsack und den anderen Blinkie
und den einen Quatschpack und den anderen Stinkie
und den einen Putt-Putt, den anderen Mondspatz
und den einen vielleicht Luftballonrundfratz
und einen von ihnen Dickie und den anderen Suff
oder Buffalo Bill und Biffalo Buff,
den einen vielleicht Schnapsi und den anderen Flappsie
oder Klein-Klapsie und Dixeldax-Trappsi
und dann noch einen Kaputti-Kaputt
und einen Oliver-Boliver-Babbelschnutt
und den einen von ihnen noch Distelpaket
– doch sie tat's nicht, und jetzt ist's zu spät.

Dr. Seuss

Unterrichtsideen   Namen geben – Namen haben

 Gedichte, Gedichte …

> Alle Tage sind verschieden.
> Je nachdem, mal so mal so.
> Heute bin ich unzufrieden,
> morgen bin ich wieder froh.
>
> *Frantz Wittkamp*

Zum Text

Der Vierzeiler spiegelt die sich wandelnden Gefühlszustände wider, wie sie Kinder und Erwachsene aus ihrem Alltag her kennen. Alle Tage werden verschieden erlebt, meist in Abhängigkeit von bestimmten Geschehnissen (Zahnarzt, Unfall, Streit, Besuch, Überraschung …). Oft aber sind die Ursachen für Stimmungen gar nicht auszumachen. Manchmal, wenn sich jemand am Morgen schlecht fühlt, sagen wir zu ihm: „Du bist wohl mit dem linken Bein zuerst aufgestanden?!" In dieser Redensart ist die Unerklärlichkeit solcher Stimmungen schon inbegriffen.
Ob man mit Kindern z. B. die Auswirkung von Träumen auf gute oder schlechte Stimmungen thematisieren will, hängt von der Situation und den Äußerungen der Kinder ab.

Wunder des Alltags

> Manchmal, da habe ich eine Angst.
> Manchmal, da habe ich einen Zorn.
> Manchmal, da habe ich eine Wut.
>
> Manchmal, da habe ich keine Freunde.
> Manchmal, da habe ich kein Vertrauen.
> Manchmal, da habe ich keinen Mut.
>
> Aber manchmal
> da kommt plötzlich jemand
> und fragt mich: „Geht's dir gut?"
>
> *Hans Manz*

Zum Text

In diesem Gedicht versucht der Sprecher (ich) in Form einer Selbstanalyse Klarheit darüber zu gewinnen, was es mit Stimmungen auf sich hat. In den ersten drei Zeilen werden die Begriffe „Angst", „Zorn", „Wut" (als Erklärung) genannt. In den folgenden drei Zeilen wird etwas vermißt, das vielleicht Zufriedenheit geben könnte. Die drei zugehörigen Begriffe sind „Freunde", „Vertrauen" und „Mut". Die letzten drei Zeilen schließen den Bogen zur Überschrift. Sie verweisen darauf, wie sich durch eine freundliche Zuwendung eine Stimmung wundersam wandeln kann. Hier wird sichtbar, daß eine heitere Grundstimmung fast immer im Zusammenhang steht mit persönlichen Begegnungen und wirklicher Anteilnahme.
Da die Kinder in der Regel lesetechnisch noch nicht so weit fortgeschritten sind, daß sie die Gedichte selbst lesen, werden diese von Lehrerseite oder von einem Kind, das bereits lesen kann, vorgetragen. Im weiteren Verlauf der Besprechung

kann das eine oder andere Gedicht durch wiederholenden Vortrag auch auswendig gelernt werden.

Zur Vertiefung der Arbeit mit dem Gedicht von Hans Manz lohnt es sich, die dargestellte Situation auf dem Aufgabenblatt gemeinsam zu betrachten. Bild und Metapher haben zusammen einen erstaunlich hohen Aufforderungscharakter, die Situation auszulegen und vergleichbare eigene Situationen der Kinder transparent zu machen. Zur Ergänzung eignet sich dieses Lied:

Liebkoselied

Text: Monika Ehrhardt
Melodie: Reinhard Lakomy
© Autoren

Schenk mir ein Liebkosewort, dann fliegen meine Sorgen fort, die großen und die kleinen, dann muß ich nicht mehr weinen und freue mich den ganzen Tag, daß mich jemand gerne mag.

Ein Buchstabe fehlt

Dem unbekannten Meisenbär
fehlt was an seinem Namen sehr.
Wer ist denn der? Wo kommt er her?
Dies zu erraten ist nicht schwer:
Denn hätt' ein A am Anfang er,
Dann wär' er ein Ameisenbär
und auch kein Unbekannter mehr
wie ohne A als Meisenbär!

Bruno Horst Bull

Unterrichtsideen   Namen geben – Namen haben

Verdrehte Tiere

Ein Eledil, ein Krokofant
spazierten beide durch das Land.
Sprach Krokofant zum Eledil:
„Das Kroko ist für mich zuviel.
Ich könnt' am Ele mich berauschen
und würde gern mit dir heut tauschen.
Ich geb' dir Kroko, du mir Ele."
„Fürwahr, du sprichst mir aus der Seele,"
erwidert Eledil sofort.
Und sie marschierten weiter fort
als Krokodil und Elefant.
So sind sie dir und mir bekannt,
und es gibt Sinn und auch Verstand,
was hier geschrieben im Gedicht;
und damit endet die Geschicht'!

Bruno Horst Bull

Zu den Texten   Bei diesen Gedichten handelt es sich um Scherzgedichte, in denen Sprachspiele als Mittel der Komik genutzt werden. Diese sprachlichen Mittel werden von den Kindern herausgearbeitet:
Im ersten Gedicht wird ein Tiername genannt, der keineswegs befremdlich klingt. Erst bei der Frage, um welches Tier es sich handeln mag, wird die Verfremdung deutlich. Die restlichen vier Zeilen bringen durch das Hinzufügen des „A" die Lösung des Rätsels.
Im zweiten Gedicht erkennen die Kinder sehr schnell die Machart des Scherzes: Die Tiernamen werden in zwei Teile zerlegt und miteinander kombiniert. Ist verstanden, worauf der Scherz basiert, können die Kinder in analoger Weise versuchen, Tiernamen zu Phantasienamen umzubilden. Zusammengesetzte Tiernamen sind hierfür besonders geeignet:

Walroß – Fledermauß

Walmaus – Flederroß

Schäferhund – Maikäfer

Schäferkäfer – Maihund

 Kinder aus anderen Ländern haben andere Namen

Organisation   Klassengespräch

Durchführung   Die Lehrerin oder der Lehrer schreibt Namen von ausländischen Kindern, die sich in der Klasse befinden, an die Tafel. Wenn die betreffenden Kinder bereit und sprachlich dazu in der Lage sind, können sie Erläuterungen zu ihrem Namen geben, z. B.: *„Auch mein Vater, Großvater, Onkel ... heißt so wie ich; es gibt den Namen oft bei uns; ..."*
Die Frage *„Gibt es vielleicht vergleichbare Namen in Deutschland oder in anderen Ländern?"* leitet über zu folgendem Tafelanschrieb (auch wenn die Kinder noch nicht lesen können):

Unterrichtsideen   Namen geben – Namen haben

Manche Namen gibt es auch in anderen Ländern, z. B.:

Johannes (Hans)	in Deutschland heißt
Jean	in Frankreich
Giovanni	in Italien
Juan	in Spanien
John	in England/USA
Jan	in den Niederlanden
Jens	in Dänemark
Janosch	in Ungarn
Iwan	in Rußland

Hier bieten sich verschiedene Möglichkeiten der Vertiefung und Weiterarbeit an, z. B. Informationen über den eigenen Namen beschaffen, Namen aus anderen Ländern sammeln und zuordnen usw.

 Monogramme

Die Kinder haben wahrscheinlich schon beobachtet, daß bei Namensaufschriften auf Büchern, Schildern, Verpackungen u. a. der Anfangsbuchstabe in Größe, Form oder Farbe hervorgehoben ist. Sie können dies am eigenen Namen nachvollziehen und entdecken, daß Monogramme immer besitzanzeigende Funktion in verkürzter Form und/oder dekorative Wirkung haben sollen.

Organisation	Sitzkreis, Einzelarbeit
Material	Gegenstände mit Monogrammen, Malutensilien
Durchführung	Im Sitzkreis überlegen die Kinder, wie man in Kurzform Gegenstände so kennzeichnen kann, daß klar wird, wem sie gehören.
	Dann werden Beispiele gezeigt, etwa Initialen im Taschentuch, auf einem Silberlöffel, auf einem Fingerring. Dabei entdecken die Kinder, daß diese Anfangsbuchstaben häufig in dekorativer Weise ausgestaltet sind.
	Jedes Kind entwirft anschließend ein eigenes Monogramm und versucht, es besonders schön auszugestalten.
	Hierbei können folgende Gestaltungsmerkmale eine Rolle spielen:
	zusätzliche Linien und Punkte sowie einfache grafische Muster (Kreuze, Sterne, Blumen …).

2.2 Ziffern und Formen untersuchen

Ziele

Ziffern, Zeichen und Formen bilden eine eigene faszinierende Welt, mit welcher die Kinder schon früh Erfahrungen sammeln. Diese Erfahrungen sollen nun verarbeitet und bewußt werden, so daß die Kinder begreifen, daß Zeichen und Zahlen Wegweiser sind und helfen, sich in der Welt zu orientieren. Einige der nachfolgenden Arbeitsvorschläge sind bereits in den ersten Schulwochen durchführbar, andere dagegen eher in der zweiten Hälfte des ersten Schuljahres.

Didaktischer Kontext

Kinder wachsen von klein auf mit Ziffern und Formen auf, die sie mehr oder weniger bewußt wahrnehmen und einschätzen lernen. Bereits im Vorschulalter lernen sie in Begleitung ihrer Eltern, auf solche Merkmale zu achten, insbesondere dann, wenn sie ihrem Schutz dienen. Ob es nun der weiße Zebrastreifen auf der Straße, das rote oder grüne Männchen in der Fußgängerampel ist oder ob es Ziffern sind, die das Kind von Geldstücken kennt, es weiß bereits, daß durch derartige Zeichen Regeln und Maße vorgegeben werden, die im täglichen Miteinander von Bedeutung sind.

Von Schulbeginn an soll das Kind nun bewußter mit Ziffern und Formen umgehen lernen. Es ist deshalb sinnvoll, von den vorhandenen Erfahrungen der Kinder auszugehen, diese zu erweitern, durchschaubar zu machen und zu strukturieren.

 Ziffern im und am Haus: Zimmernummern, Hausnummern
(Zur Einführung geeignet!)

Organisation

Unterrichtsgang, Sitzkreis

Durchführung

Um den Kindern die Orientierungsfunktion von Ziffern zu verdeutlichen, kann man diese gemeinsam überprüfen, z. B. bei einem Gang durch das Schulhaus. An den Türen der Klassenzimmer befinden sich Zahlen, über deren Bedeutung mit den Kindern gesprochen wird. Ist das Schulhaus mehrgeschossig, werden die Zahlen der Etagen miteinander verglichen und man stellt fest, was die einzelnen Ziffern bedeuten: erste Ziffer   = Stockwerke
zweite Ziffer = Zimmernummer

Danach bekommen die Kinder Suchaufträge, die sie in Partnerarbeit (oder zu dritt) durchführen. Jede Kleingruppe bekommt einen Zettel, auf dem eine Zimmernummer steht. Die Kinder verlassen das Klassenzimmer und suchen den bezeichneten Raum. Zurückgekehrt berichten sie, wie sie vorgegangen sind und wo sich der Raum befindet. Dies läßt sich mehrfach wiederholen.

Im Rahmen eines Unterrichtsganges können die Kinder diese Beobachtungsaufgaben auch im Zusammenhang mit Hausnummern durchführen, wobei der folgende Anzeigentext (Tafel oder Folie) als Einstieg dient:

> **Ist Ihre Hausnummer gut erkennbar?**
>
> Im Notfall kann das entscheidend
> für rasche Hilfe durch den Arzt oder
> den Rettungsdienst sein!

| *Unterrichtsideen* | Ziffern und Formen untersuchen |

Dabei können in Abhängigkeit vom Wohngebiet sehr unterschiedliche Feststellungen gemacht werden: Wie dicht sind die einzelnen Hausnummern beieinander? Folgen gerade und ungerade Zahlen aufeinander? Auf welcher Seite sind die geraden, wo die ungeraden Zahlen? Gibt es Lücken in der Zahlenfolge?

Die Begriffe gerade und ungerade Zahlen können hierbei möglicherweise von den Kindern selbständig entdeckt werden.

 Ziffern in unserer Umgebung
(Zur Einführung geeignet!)

Organisation Sitzkreis, Einzelarbeit

Material Bilder, Schilder, Gegenstände mit Zahlen, Aufgabenblatt, Farbstifte

Durchführung

Als Hausaufgabe sollten die Kinder beobachten, wo ihnen überall Zahlen begegnen, und Gegenstände mitbringen, auf denen Zahlen stehen. Gemeinsam werden die einzelnen Gegenstände betrachtet und über die Funktion der Zahl gesprochen. Dabei soll die Vielfalt der Verwendungsmöglichkeiten von Zahlen im täglichen Leben als Lenkungsmittel oder Größenhinweis deutlich werden.

Postleitzahlen lassen sich vergleichen (Wieviele Ziffern haben sie, und was bedeutet die erste Ziffer?); Telefonnummern, Spielkarten, Preisschilder, Kalender, Autonummern, Verkehrsschilder usw. werden von den Kindern auf ihre Aussage und Bedeutung hin überprüft.

Es wäre zweckmäßig, das Aufgabenblatt mit Hilfe der Projektion über eine Folie zuerst mit den Kindern zu besprechen. Bei allen abgebildeten Gegenständen kommen Zahlen vor. Wozu benutzt man sie, warum braucht man sie? Beim Bild des Telefons müßte man auch auf die frühere Wählscheibe eingehen (Tafelbild). Danach bekommen die Kinder das Aufgabenblatt und setzen die entsprechenden Zahlen ein. Sie können dann auch die eigene Telefonnummer, Hausnummer und Autokennzeichen dazuschreiben, falls sie schon dazu in der Lage sind. Ein Kind, das über ein Zahlenschloß verfügt, zeigt es den anderen Kindern, ohne die eigene Nummer zu verraten, so daß sie auch beliebige Zahlen im Zahlenschloß einsetzen können.

Am Schluß kann das Arbeitsblatt farbig gestaltet werden.

 Formen in unserer Umgebung
(Zur Einführung geeignet!)

Organisation Sitzkreis, Einzelarbeit, eventuell Unterrichtsgang

Material Gegenstände (rund, viereckig, dreieckig), Quadrate aus Papier, Aufgabenblatt, Farbstifte

Durchführung

In der Mitte des Sitzkreises werden auf dem Boden Gegenstände ausgebreitet, an denen die genannten Formen in signifikanter Weise hervortreten. Deshalb sollte es sich bei den Gegenständen um ebene Grundformen handeln: Spielkarten, Geldstücke, runde Plättchen und verschiedene (ausgeschnittene) Dreiecksformen. Die Kinder betrachten die Figuren und versuchen, sie zu ordnen. Dabei erarbeiten sie gemeinsam die Begriffe „rund", „viereckig" und „dreieckig".

An ihren Tischen versuchen die Kinder dann, aus quadratisch zugeschnittenen Blättern Vierecke und Dreiecke zu falten.

Ein Unterrichtsgang in die Schulumgebung bietet sich an dieser Stelle an, in dessen Verlauf Schilder „gesammelt" (aufgemalt) werden. Bei der nachfolgenden

Besprechung sind sowohl die verschiedenen Formen als auch die Informationen der Schilder (Verkehrserziehung!) zu thematisieren.

Alternativ oder ergänzend kann das Aufgabenblatt eingesetzt werden. Wenn es zunächst als Folie projiziert wird, können die Kinder sagen, welche Farben die Verkehrszeichen haben, so daß die Lehrerin oder der Lehrer sie entsprechend anmalen kann. Dabei sollen die Kinder auch mitteilen, was die Zeichen und Piktogramme bedeuten.

Entsprechend malen die Kinder danach die Aufgabenblätter an.

Abschließend zählen die Kinder weitere ihnen bekannte Zeichen auf, beschreiben sie und malen sie eventuell an die Tafel.

  Rennbahn

Würfelspiele sind den meisten Kindern bekannt. Sie wissen, daß man die gewürfelte Zahl auf dem Spielfeld abzählen muß und dadurch ein Stück vorrücken darf. Große Zahlen bedeuten ein großes Stück, kleinere ein entsprechend kleines. In unserem Beispiel wird dies besonders dadurch verdeutlicht, daß die jeweiligen Spielbahnen als Rennbahnen parallel nebeneinander herlaufen und gerade sind. Das Vergleichen des Spielstandes fällt deshalb besonders leicht. Zahlen werden als Strecken sichtbar.

Organisation   Klassen- oder Gruppenspiel

Material   Spielplan, Scheren, Klebstoff, Pappe, Farbstifte, Würfel, Spielsteine

Durchführung   Zunächst werden die beiden Spielbahnteile ausgeschnitten und zu einer langen Spielbahn zusammengeklebt. Das Spiel kann nun sowohl als Spiel in der Tischgruppe als auch als Mannschaftsspiel im Sitzkreis durchgeführt werden. Es können sich bis zu sechs Spieler bzw. Mannschaften beteiligen. Im Einzelspiel in der Gruppe hat jedes Kind einen Spielstein, im Mannschaftsspiel jede Mannschaft. Der erste Spieler beginnt und rückt um so viele Felder vor, wie die Zahl des Würfels angibt. Es ist darauf zu achten, daß beim Mannschaftsspiel jedes Kind würfelt. Nach jedem Durchgang können die Positionen verglichen werden. Wer zuerst das Ziel (mit einem direkten Wurf) erreicht hat, ist Sieger.

Es empfiehlt sich, die Rennbahnen auf Karton aufzukleben, damit das Spiel immer wieder gespielt werden kann. Auch läßt es sich farbig ausgestalten.

  Mosaik

Im Alltag begegnen den Kindern geometrische Figuren in Mustern sozusagen „auf Schritt und Tritt": Fußböden sind gefliest, Gehwege und Plätze auf verschiedenste Art gepflastert und Wände gekachelt. Die Kinder entdecken bestimmte Anordnungen und Symmetrien, die sich einerseits auf die figurale Seite beziehen, andererseits auf die farbliche. Insofern hat der gestalterische Umgang mit Flächen immer auch eine ästhetische Dimension.

Der Umgang mit dem hier vorgestellten Material erfordert etwas Geduld und Geschicklichkeit.

Organisation   Sitzkreis, Einzelarbeit, Partnerarbeit

Material   Kacheln, Aufgabenblätter, Farbstifte, Scheren, Klebstoff, Papier

Durchführung   Für den Einstieg in die Arbeit mit dem Aufgabenblatt 10 wäre es gut, wenn richtige, rechteckige Kacheln zur Verfügung stünden. Die Kinder sitzen im Kreis, und

der Lehrer oder die Lehrerin kann in Form eines Rollenspiels eine reale Ausgangslage konstruieren: Ein Fliesenleger fragt, wie der Kunde die mitgebrachten Fliesen verlegt haben möchte. Verschiedene Kinder, auch als Partner, erproben in der Mitte des Sitzkreises verschiedene Muster. An ihren Plätzen bekommen sie anschließend das Aufgabenblatt. Zunächst geht es einfach darum, das Blatt zu gleichen Teilen zweifarbig anzumalen, z. B. linke Hälfte rot, rechte Hälfte blau. Auf diese Weise entsteht nach dem Ausschneiden dieselbe Anzahl von Rechtecken in jeder Farbe. Auf einem Blatt Papier oder Karton können die Kinder dann verschiedene Muster ausprobieren, falls sie sich nicht schon für ein bestimmtes entschieden haben. Danach werden die ausgeschnittenen „Kacheln" nach dem geplanten Muster aufgeklebt.

Das Aufgabenblatt 11 wird in vergleichbarer Weise eingeführt. In vergrößertem Format stellt der Lehrer/die Lehrerin die vorgegebenen geometrischen Figuren in verschiedenen Farben (gleiche Figuren in derselben Farbe) her: große Dreiecke, kleine Dreiecke, Quadrate und Rechtecke. Im Sitzkreis werden wieder verschiedene Muster erprobt, bevor die Kinder die Aufgabenblätter bearbeiten. Hierbei ergeben sich wiederum die Arbeitsschritte: gleiche Figuren suchen und mit derselben Farbe anmalen, ausschneiden, Muster ausprobieren, Lieblingsmuster aufkleben. Dabei können die Kinder die Farben nach eigenen Wünschen wählen.

Die Arbeit wird erheblich anspruchsvoller, wenn ein Kind zwei gleiche Kopien erhält, weil sich dadurch die Anzahl der geometrischen Figuren verdoppelt. Für Differenzierungsmaßnahmen bietet sich diese Variante an.

An Stelle der Aufgabenblätter lassen sich ebenso Plättchen oder Stäbe verwenden, wie sie als Beilagen zu Mathematikbüchern häufig mitgeliefert werden.

 Tasten und Fühlen

Die meisten Kinder kennen den Krabbelsack von Geburtstags- oder Weihnachtsfeiern.

Beim Ertasten von Gegenständen wird das Kind dazu veranlaßt, sich eine Vorstellung von dem zu machen, was es nicht sieht, aber doch tastend sinnlich wahrnimmt. Damit läßt sich auch die Übertragung in die sprachliche Gestalt verbinden. Begriffe wie eckig, viereckig, dreieckig, rund, Kugel, Würfel, Walze u. a. werden taktil vermittelt.

Organisation   Sitzkreis

Material   Sack (oder Turnbeutel), Bauklötze, Legosteine, Murmel, Tennisball, Hopsball, magischer Würfel, Stäbe, Logische Blöcke u. ä.

Durchführung   Die geometrischen Körper werden in den Sack gelegt, bevor die Kinder sie gesehen haben.

Die Kinder sitzen im Kreis, und eines nach dem anderen darf in den Sack greifen und einen Gegenstand ertasten. Die Kinder erklären, welche Gestalt der Körper hat, sie beschreiben seine Oberflächenbeschaffenheit bzw. die Festigkeit. Die anderen Kinder sollen aufgrund der Beschreibung herausfinden, um welchen Gegenstand es sich handelt. Wird er erkannt, nimmt ihn das Kind heraus und zeigt ihn. Die Beschreibung wird nun von einem anderen Kind wiederholt und ergänzt, z. B. durch Farbangaben.

Variationen

    ✳ **Tastsäcke:** Bei fünf Tischgruppen bereitet die Lehrerin oder der Lehrer sieben numerierte Tastsäcke vor, in denen sich jeweils ein Gegenstand befindet. Alle Kinder der Gruppe tasten den Sack von außen ab. Haben sie sich über den Inhalt geeinigt, fertigen sie eine schriftliche oder bildliche Notiz an und geben den Sack an die nächste Gruppe.

Die beiden überzähligen Säcke sollen Lücken schließen, falls sich in einer Gruppe das Raten verzögert.

Wenn alle Säcke durch alle Gruppen gegangen sind, vergleichen die Kinder ihre Ergebnisse im Sitzkreis und überprüfen dann ihre Vermutungen, indem sie die Säcke ausleeren.

✳ Formen und Umrisse bilden:
- Jeweils zwei Kinder bilden mit ihren Körpern Dreiecke oder Vierecke; Kleingruppen bilden Kreis, Quadrat und Viereck
- Mit Hilfe von Gegenständen (Seil, Stühle, ...) Ziffern darstellen
- Zahlen rhythmisch gestalten (klatschen, bestimmte Schrittfolge gehen, mit einem Schlaginstrument, ...)

Ein Zimmer im Karton

Räume und Bauwerke werden in der Regel nur dann bewußt wahrgenommen, wenn etwas Außergewöhnliches an ihnen ist. Deshalb ist es erforderlich, die Wahrnehmung durch genaue Beobachtung zu schulen und durch Beschreibung bewußt zu machen. Die eigene Gestaltung vertieft die Erfahrungen und verdeutlicht den Zusammenhang zwischen dem Ganzen und seinen Teilen.

Diese Aufgabe kann man auch innerhalb des Themas „Handeln und bewegen im Raum" stellen.

Organisation Sitzkreis, Einzelarbeit oder Partnerarbeit (möglichst im Rahmen von Freiarbeit)

Material Bananenkisten, Schuhkartons, Schachteln verschiedener Größe, Buntpapier, Stoffreste, Scheren, Klebstoff

Durchführung Die Kinder sitzen im Kreis und berichten, wie das Zimmer aussieht, in dem sie allein oder mit Geschwistern schlafen. Zur Demonstration stellt der Lehrer/die Lehrerin dann die Bananenkiste in die Mitte und legt eine größere Anzahl verschieden großer Schachteln daneben. Mit diesen Schachteln richtet nun ein Kind das Zimmer in der Bananenkiste ein. Es erklärt dabei, welche Möbelstücke mit den einzelnen Schachteln gemeint sind. Andere Kinder können den Vorgang wiederholen und variieren. Zum Abschluß der Probeaufstellungen kann über Vorzüge und Nachteile der Möbelanordnung gesprochen werden.

Wenn die Kinder Klarheit gewonnen haben, wie so ein Zimmer im Karton aussehen kann, beginnt die Einzel- bzw. Partnerarbeit. Auch hier wird überlegt, welche Schachteln das Bett, den Tisch, den Stuhl, den Schrank darstellen sollen. Nach einem ersten Probeaufstellen werden die Schachteln mit Buntpapier beklebt. Erst wenn diese Vorbereitungen abgeschlossen sind, kleben die Kinder die Möbel im Zimmer fest. Denkbar ist auch eine weitere Ausstattung mit Tapeten, Gardinen und anderen Dekorationsstücken.

Eine Uhr basteln

Zeiterfahrungen sind äußerst subjektiver Natur. Auch Kinder wissen, daß manche Stunden und Tage sehr schnell vorbei sind, andere aber nicht enden wollen. Dies beginnt morgens beim Aufstehen, setzt sich fort mit dem Unterrichtsbeginn, den Pausen, dem Unterrichtsende, gemeinsamen Mahlzeiten, Fernsehsendungen und vielen anderen „Terminen".

Sie begreifen, daß die Einteilung des Tages in Stunden und die der Woche in Tage als ordnende Größe erfahren wird. Menschliches Zusammenleben bedarf dieser ordnenden Größen. Die Behandlung dieses Themenbereichs ist in den meisten

Unterrichtsideen Ziffern und Formen untersuchen

Lehrplänen für das zweite Schuljahr vorgesehen. Dies gilt jedoch nur für das Fach Mathematik. Als fächerverbindendes Thema ist die Behandlung von Zeiterfahrungen schon im ersten Schuljahr sinnvoll.

Organisation Sitzkreis, Einzelarbeit, Partnerarbeit (vorzugsweise im Rahmen der Freiarbeit)

Material Pappe (nicht zu hart), Farbstifte, Scheren, Verschlußklammern

Durchführung In der Sitzrunde berichten die Kinder zunächst über Erfahrungen mit der Zeit und mit der Uhr. Auch wenn sie die Uhrzeit noch nicht ablesen können, so kennen sie doch die Funktion der Uhr, insbesondere dann, wenn sie durch bestimmte Geräusche (Klingeln, Rasseln, Glockenschlag oder Musik) an einen bestimmten Zeitpunkt erinnern soll. Ein Unterrichtsgang zu einer Turmuhr mit Glockenschlag ist sinnvoll. In die Schule mitgebrachte Uhren werden genau betrachtet. Die Kinder beschreiben die Uhren, die Einzelteile werden benannt und grafisch an der Tafel festgehalten. Dies gilt besonders für die Anordnung der Zahlen auf dem Zifferblatt. Auch die akustischen Signale werden geprüft. Danach beginnt die Bastelarbeit: Beim Aufzeichnen des runden Zifferblattes mit Hilfe einer Dose oder eines Einmachglases auf die Pappe empfiehlt es sich, daß sich immer zwei Kinder gegenseitig helfen. Schwierigkeiten kann es manchen Kindern auch bereiten, den kleinen Schlitz in der Mitte des Zifferblattes und am Ende der Zeiger anzubringen. Bevor die Zeiger mit der Verschlußkammer angebracht werden, muß man das Zifferblatt einteilen (Tafelbild), die Zahlen eintragen und vielleicht die Grundfläche in einer hellen Farbe gestalten, damit Zahlen und Zeiger deutlich zu sehen sind. Anschließend können Kinder, die die Uhr kennen, bestimmte Zeiten einstellen und erklären. Im zweiten Schuljahr kann im Sinne der Lernziele in Mathematik gearbeitet werden.

Ein passendes Lied, welches die Kinder lernen können:

Hoch im Turm

Text: Peter Fuchs
Melodie: aus Frankreich, © Klett

Hoch im Turm schlägt die Uhr ih-re Stun-den Tag und Nacht.

Hoch im Turm schlägt die Uhr ih-re Stun-den Tag und Nacht,

die Stun-den, die Stun-den.

 Mit Sand und Knete formen

Organisation Unterrichtsgang, Gruppenarbeit

Material Eimer, Hohlformen verschiedener Größe, Becher, Sandkasten (möglicherweise in der Schule, im Klassenzimmer), Knete

Durchführung Vor dem Unterrichtsgang zum Sandkasten werden die verschiedenen Formen betrachtet, und es wird über ihre Gebrauchsmöglichkeiten gesprochen.
In Gruppen sollen die Kinder im Sandkasten ausprobieren, wozu sich die Formen beim Spiel im Sand besonders eignen: Burgen bauen, Kuchen backen, Mauern setzen.

Wenn die Arbeit im Klassenzimmer durchgeführt wird, könnte auch ein Teil der Kinder Bauwerke aus Knete modellieren. Themenwahl und Methode sind abhängig von der jeweiligen Klassensituation.

 Pudding kochen

Eßkultur legt nicht nur Wert auf qualitativ gute Speisen, sondern auch auf deren ästhetische Darreichung. Die Kinder kennen dies besonders vom umfangreichen Angebot reizvoll geformter Süßigkeiten.

Zur Gestaltung von Schulleben gehört auch gemeinsames Essen und die Zubereitung von Speisen, z. B. Frühstück, Herstellung von Obstsalat oder auch – im Hinblick auf unser Thema – Pudding kochen. Es kann hierbei verdeutlicht werden, daß beim Genuß auch die äußere Form eine Rolle spielt.

Aus Gründen der Gesundheitserziehung im Zusammenhang mit richtiger Ernährung wird auch über Gesundheitsgefährdung durch übermäßigen Zuckerkonsum gesprochen.

Wir wählen hier die klassische Art und Weise des Puddingkochens. Wenn die schulischen Bedingungen dies nicht gestatten, kann man auf kalt anzurührenden Pudding ausweichen.

Organisation Klassenverband, Gruppenarbeit, Einzelarbeit

Material Kochtöpfe, Kochplatte(n), Schneebesen, spezielle Puddingformen oder Tassen, Puddingpulver, Zucker, Milch, Teller, Besteck

Durchführung Zuerst liest der Lehrer/die Lehrerin das Rezept vor und läßt es wiederholen. Danach können die Kinder in Gruppen oder im Klassenverband nach der Zubereitungsvorschrift kochen.

Die Erarbeitung eines einfachen, aber gut verständlichen Rezepttextes (auch mit Zeichnungen) bietet sich hier an. Dies kann im Klassengespräch mit Hilfe der Tafel geschehen, in Gruppenarbeit oder aber in Einzelarbeit mit anschließender Schreibkonferenz innerhalb von Kleingruppen. Merkmale und Intention dieser Textsorte lassen sich auf diese Weise problemlos erarbeiten (Texte für andere schreiben!). Das Aufgabenblatt 27 kann man hierfür verwenden.

Auch hier hängt es von der jeweiligen Klassensituation ab, in welcher Weise die Arbeit durchgeführt wird und in welchem Ausmaß der Lehrer/die Lehrerin Arbeiten selbst übernimmt. Wichtig ist, daß jedes Kind einen Pudding zum Stürzen bekommt, so daß verschiedene Formen sichtbar werden und man darüber sprechen kann.

2.3 Den Frühling begrüßen

Ziele

Jahreszeitliche Phänomene mit den zugehörigen Festtagen erleben die Kinder über Tages- und Wochenrhythmus hinaus als Gliederung des Jahresablaufes. Der Frühling mit dem Wiedererwachen der Natur spielt eine besondere Rolle, weil der Wechsel von Kälte zu Wärme, von eintönigen zu bunten Farben, vom Leben im Haus zum Leben draußen besonders intensiv wahrgenommen wird. Interesse an Pflanzen und Tieren und an ihrer Hege und Pflege soll geweckt werden im Bewußtsein, mitverantwortlich zu sein für Natur und Umwelt.

Durch vielfältiges Erleben (sehen, hören, riechen, tasten, fühlen) sollen die Kinder die Besonderheiten dieser Jahreszeit erfahren, die im Osterfest ihren Höhepunkt hat. Die Kinder freuen sich auf dieses Fest, nicht zuletzt deshalb, weil sie es durch unterschiedliches Brauchtum erleben. Man wird auf das Thema Frühling in allen Grundschuljahren mit jeweils anderen Schwerpunkten eingehen.

Didaktischer Kontext

Kinder erfahren den Jahreskreis durch bestimmte Zeitpunkte, die für sie von erlebnishafter Bedeutung sind. Solche Zeitpunkte sind Geburtstag, Namenstag, die großen Festtage, Fastnacht, Ferien. Dabei hat jede Phase ihre besonderen Reize für die Kinder. Im Frühling sind es dabei vor allem das allmähliche Wärmerwerden, verbunden mit dem Tragen von leichterer Kleidung, das Wiedererwachen der Natur und das Osterfest.

Wenn man vom Erleben des Frühlings spricht, so ist damit schon ausgedrückt, daß es nicht um ein einseitig rationales Erfassen der verschiedenen Phänomene gehen darf, sondern um Erfahrungen mit allen Sinnen. Ein Höhepunkt der Frühlingszeit ist das Osterfest, dessen Datum abhängig ist vom ersten Vollmond im kalendarischen Frühling, das sich also in einem Zeitrahmen von fast vier Wochen bewegt. Schon deshalb kann es von Jahr zu Jahr erhebliche Unterschiede geben, was die Entwicklung der Natur betrifft.

Aber auch die vorangegangenen Witterungsperioden müssen in die Beobachtungen einbezogen werden. Schneeschmelze, der Wechsel von warmen und wieder kühleren Tagen mit Graupel- und Regenschauern im April bilden häufig einen Witterungsrahmen, in dem sich der Kampf des sich verabschiedenden Winters mit dem unaufhaltsamen Herannahen des Frühlings widerspiegelt.

Die Arbeitsvorschläge zu diesem Thema sind im Hinblick auf ein Frühlingsfest zusammengestellt, in dessen Rahmen die Kinder ihre Arbeitsergebnisse ausstellen, Lieder singen, Gedichte aufsagen, tanzen und zusammen etwas essen können („Frühlingsbrunch"). Dies ist jedoch nicht unbedingt erforderlich. Die Reihenfolge der Durchführung der einzelnen Teilthemen hängt jedoch damit zusammen: Ist ein Frühlingsfest geplant, so wird man den Blumenstrauß erst unmittelbar davor zusammenstellen und mit anderen zeitaufwendigeren Teilthemen beginnen. Auswahl und Umsetzung der Arbeitsvorschläge richten sich nach der Klassenstufe und der individuellen Situation der Lerngruppe. Zusätzlich zu den ausführlich dargestellten Vorschlägen sollte man auch Frühlingslieder und ein szenisches Spiel berücksichtigen.

Passende Lieder finden sich in allen Schul-Liederbüchern. Als szenisches Spiel eignet sich gut „Ein kleines Spiel vom Frühling und Winter" von Friedl Hofbauer, aus: „Texte zum Jahreskreis", herausgegeben von Gisela Everling, Stuttgart 1988.

Unterrichtsideen   Den Frühling begrüßen

 Einen Riesenblumenstrauß zusammenstellen
(Zur Einführung geeignet!)

Das Aufblühen der Blumen wird von den Menschen immer als Zeichen für den herannahenden Frühling gedeutet. Je nach Witterungsphase kann dies in einem Jahr sehr zögerlich erfolgen, in einem anderen geradezu explosionsartig geschehen. Der Arbeitsvorschlag ist erst dann umsetzbar, wenn bereits ein großer Teil der frühblühenden Blumen in Blüte steht.

Organisation   Sitzkreis, Hausaufgabe, Einzelarbeit, Gemeinschaftsarbeit

Material   Frühlingsblumen, Eimer mit nassem Sand, Gläser, Malutensilien, eventuell ein großer Bogen Fotokarton, Scheren, Klebstoff

Durchführung   Wahrscheinlich berichten die Kinder von sich aus, daß sie zu Hause im Garten, auf dem Schulweg, beim Spaziergang im Wald oder an Wiesen entlang Blumen gesehen haben, oder sie bringen sogar Blumen mit. Nun erhalten alle Kinder die Hausaufgabe, zum nächsten Tag Blumen mitzubringen. Hier ist eine genaue Aufgabenverteilung sinnvoll, damit nicht zu viele, aber auch nicht zu wenige Blumen ankommen. Wenn genügend Blumen vorhanden sind, versammeln sich die Kinder im Sitzkreis; der Eimer mit dem nassen Sand steht in der Mitte. Die mitgebrachten Blumen werden dann in den nassen Sand gesteckt, kleine Blümchen, wie Schneeglöckchen, Anemonen und Veilchen, werden in einem Glas zum Strauß im Eimer gestellt. Jedes Kind, das seine Blumen in den Sand steckt, berichtet, woher es die Blumen hat und wie sie heißen. Einzelne Blumen wandern im Sitzkreis, die Kinder riechen an ihnen und befühlen vorsichtig Laub- und Blütenblätter. Die anderen Kinder können die Mitteilungen noch ergänzen. Der auf diese Weise gemeinsam geschaffene Strauß wird gebührend bewundert, seine Größe und Farbigkeit verbal zum Ausdruck gebracht.

Im Anschluß daran malt jedes Kind den Strauß, oder – noch besser – alle Kinder fertigen eine Gemeinschaftsarbeit an, so wie auch der Blumenstrauß in Gemeinschaftsarbeit zusammengestellt wurde. Jedes Kind malt eine bestimmte Blume und schneidet sie dann aus. Die ausgeschnittenen Blumen werden dann auf einem großen Bogen in der Gestalt eines Blumenstraußes aufgeklebt. Denkbar wäre auch, eine Blumencollage zusammenzustellen.

 Zu Besuch bei den Frühlingsblumen

Die Kinder haben im Zusammenhang mit dem Blumenstrauß ihr Vorwissen über Frühlingsblumen erweitert. Es soll nun durch einen Unterrichtsgang zu den Standorten der Blumen noch vertieft werden. Die Kinder sollen sie nicht nur als Einzelpflanzen oder im gepflückten Strauß beachten, sondern auch unter natürlichen Bedingungen wahrnehmen, wenn sie versteckt und unscheinbar in der freien Natur stehen (Duft der Blumen, der Erde, der Umgebung – auch mit geschlossenen Augen).

Organisation   Sitzkreis, Unterrichtsgang, Einzelarbeit

Material   Polaroid-Kamera, Schilder zum Beschriften, Pflanzen-Bestimmungsbuch

Durchführung   Der Unterrichtsgang bedarf einer sorgfältigen Vorbereitung. Zunächst wird ein Sitzkreis gebildet, und die Lehrerin oder der Lehrer knüpft an vorausgegangene, im Zusammenhang mit dem Thema stehende Erfahrungen an (Sachunterricht, Deutsch, Blumenstrauß). Schon bei der Planung muß man berücksichtigen, daß die

Unterrichtsideen   Den Frühling begrüßen

Durchführung des Unterrichtsganges von der Lage der Schule abhängt und von den Möglichkeiten, die sich daraus ergeben. Ist eine Wiese im Rahmen des Unterrichts nicht erreichbar, lassen sich entsprechende Beobachtungen in Vorgärten durchführen. Möglicherweise gibt es Kinder, die in der näheren Umgebung der Schule wohnen und Blumen im Garten haben. Natürlich wäre der eigene Schulgarten hier besonders hilfreich. Beim Unterrichtsgang sollen die Kinder Bekanntes wiedererkennen und Neues entdecken. Von den einzelnen Blumen wird am Standort mit der Polaroid-Kamera ein Foto gemacht. Wenn möglich, bekommt jedes Kind ein Foto von einer Blume oder einem Blütenzweig in die Hand und muß sich den Namen merken. In die Schule zurückgekehrt zeigt jedes Kind das Foto und nennt den Namen der Blume, den der Lehrer/die Lehrerin an die Tafel schreibt. Danach werden diese auf vorbereitete Schilder geschrieben und Bild und Schild zusammen an die Wand geheftet.

Zeichen des Frühlings

Bei den Aufgabenblättern zu diesem Thema geht es um Erfahrungen, welche die meisten Kinder im Zusammenhang mit Frühling bereits gemacht haben. Dabei werden verschiedene sinnliche Erlebnisse ebenso angesprochen wie emotionale. Diese Erfahrungen sollen bewußt gemacht und auf sprachlicher Ebene gestaltet werden. Dies geschieht beim Aufgabenblatt 12 dadurch, daß die Kinder mit dem Wort „Frühling" bestimmte Ereignisse assoziieren oder Naturerscheinungen in Verbingung bringen, welche ihnen in dieser Jahreszeit begegnen. Dabei steht die kognitive Dimension im Vordergrund. Im Gegensatz dazu werden auf dem Aufgabenblatt 13 sinnliche Erfahrungen sprachlich zum Ausdruck gebracht. Erkenntnisse und Erlebnisse können im Spiel mit dem Frühlingsdomino nochmals nachempfunden werden.

Organisation   Einzel- oder Partnerarbeit

Material   Aufgabenblätter, Buntstifte, Scheren, dünne Pappe, Klebstoff

Durchführung   Eine Phase der Stille leitet die Bearbeitung des Aufgabenblattes 12 ein, unter Umständen bei geöffnetem Fenster und mit geschlossenen Augen: *„Wenn ich an den Frühling denke, denke ich an ..."*
Dabei soll schon deutlich werden, daß das Wort „Frühling" nicht bei jedem Kind dieselben Assoziationen auslösen muß. Dementsprechend sehen die Hinweise zur Bearbeitung des Blattes aus. Wenn die Kinder die einzelnen Bildanregungen betrachten und die verschiedenen Auswahlmöglichkeiten bedacht haben, können sie die Bilder, für die sie sich entschieden haben, entweder selbst beschriften (je nach Schreibfähigkeit) oder aber die entsprechenden Wörter ausschneiden und aufkleben. Die farbige Gestaltung der Bilder kann zusätzlich die unterschiedlichen Assoziationen verdeutlichen.

Auch beim Lesen der Sätze auf Aufgabenblatt 13 sollen sich die Kinder überlegen, was für sie zum Frühling gehört. Dabei geht es um sinnliche Erfahrungen und besondere Aktionsmöglichkeiten, welche diese Jahreszeit ermöglicht. Lesen, Diskutieren, Ankreuzen und Schreiben sollten hier in Partnerarbeit durchgeführt werden, damit die Kinder im Gespräch ihre eigene Erlebniswelt klären können.
Die Herstellung des Frühlingsdominos (Aufgabenblatt 14) könnte dadurch erleichtert werden, daß es auf kartoniertes Papier kopiert wird. Wenn dies nicht möglich ist, sollten die angemalten Dominobilder auf dünnen Karton aufgeklebt werden, damit sie haltbarer sind.
Es ist nicht daran gedacht, alle drei Aufgabenblätter nacheinander oder in der numerierten Reihenfolge zu bearbeiten. Sie lassen sich leicht verschiedenen Aufgabenstellungen innerhalb des Gesamtthemas zuordnen.

Unterrichtsideen — Den Frühling begrüßen

 „Die Tulpe"

Die Tulpe

Dunkel
war alles und Nacht.
In der Erde tief
die Zwiebel schlief,
die braune.

Was ist das für ein Gemunkel,
was ist das für ein Geraune?
dachte die Zwiebel,
plötzlich erwacht.

Was singen die Vögel da droben
und jauchzen und toben?

Von Neugier gepackt,
hat die Zwiebel einen langen Hals gemacht
und um sich geblickt
mit einem hübschen Tulpengesicht.

Da hat ihr der Frühling entgegengelacht.

Josef Guggenmos

Zum Text Guggenmos schildert in diesem Gedicht die Entwicklung der Pflanze aus der Zwiebel im Dunkel der Erde („dunkel", „Nacht") bis zur Öffnung der Blüte („Tulpengesicht"). Er beschreibt den Vorgang teils aus der Perspektive eines außenstehenden Betrachters (1. Abschnitt), teils aus der unterirdischen Erlebnisweise der Zwiebel (2. Abschnitt). Die anthropomorphe Darstellungsweise verstärkt sich dann noch im 3. Abschnitt.
Die sprachliche Form ist der Entwicklung der Pflanze angeglichen. Von einem alleinstehenden, Leblosigkeit andeutenden Wort („dunkel") ausgehend, beginnt Leben zu erwachen; die pflanzlichen Kräfte schwellen an bis zum Hervorbrechen und Erstrahlen in voller Schönheit.

Organisation Einzelarbeit (Hausaufgabe), Einzelspiel, Klassenspiel

Material Tücher, Kassettenrecorder, Orffsche Instrumente

Durchführung Es empfiehlt sich, daß der Lehrer/die Lehrerin den Text zunächst einmal vorspricht und die Kinder ihn dann an der Tafel mitlesen. Einzelne Kinder können das Gedicht anschließend mit passender Klanggestaltung (ruhig und geheimnisvoll, steigernd bis zum befreiend fröhlichen Finale) zu sprechen versuchen. Nach einer angemessenen Übungszeit (Hausaufgabe!) wird mit dem Kassettenrekorder eine Aufnahme gemacht (vielleicht auch mehrere, aus denen die Kinder dann eine für ihr Spiel auswählen). Nun setzen die Kinder sich im Kreis auf den Boden, ein Kind kauert sich in der Mitte des Kreises zusammen und wird mit Tüchern bedeckt. Damit sich alle auf das Spiel konzentrieren können, wird der Text vom Tonband abgespielt, und das Kind beginnt sich zu bewegen: Es streckt zunächst den Kopf hervor, um sich schließlich mit hochgestreckten Armen zu erheben (vgl. Unser Musikbuch-Quartett 1, Stuttgart 1989, S. 32 f. und Lehrerhandbuch).

Eine weitere Möglichkeit besteht darin, daß sich alle Kinder mit ihren Tüchern bedecken und das Spiel dann durchführen, so daß ein ganzes Tulpenbeet entsteht. Der gesprochene Text kann darüber hinaus mit Orffschem Instrumentarium untermalt werden, wobei die Klangfarben dem Text folgend von leisen, dunklen Tönen zu klaren, hellen hinüberwechseln.

Tiere im Frühling

Natürlich wird das Aufblühen der Blumen von den Kindern als erstes sichtbares Zeichen für den Frühling wahrgenommen. Sie sollen aber auch erkennen, daß in der Tierwelt neues Leben erwacht. Dies ist nicht so auffällig wie bei den Blumen; um so wichtiger ist es, den Blick dafür zu schärfen.

Organisation Klassengespräch, Einzelarbeit

Material Aufgabenblatt

Durchführung Ein Kind liest den Sachtext auf dem Aufgabenblatt laut vor.
Nach dem daran anschließenden Klassengespräch, in dem die Kinder ihr Vorwissen zusammentragen, bearbeiten alle die Aufgabe auf dem Aufgabenblatt.

Blütentanz zur Musik von Antonio Vivaldi

Musisch-ästhetische Erziehung ist im Alter der Schulanfänger nicht primär ein kognitiver Prozeß. Vielmehr geht es um erlebnishafte Vermittlung, wobei visuelle und akustische Eindrücke z. B. über körperliche Bewegung tänzerisch ausgedrückt werden können. Ganzheitliches Erleben liegt den ästhetischen Erfahrungen zugrunde.

Organisation Sitzkreis, Einzelbetätigung im Klassenverband (Klassenspiel), eventuell Unterrichtsgang

Material Baumblütenstrauß, einfarbige Tücher (nur weiß), Plattenspieler/Kassettenrecorder, Antonio Vivaldi: „Die vier Jahreszeiten" (Der Frühling, erster Satz)

Durchführung Die Kinder sitzen im Kreis und hören den ersten Satz von Vivaldis „Frühling" aus „Die vier Jahreszeiten". Im Gespräch kann man versuchen, die Musik mit der Natur in Verbindung zu bringen.
Anschließend stellt die Lehrerin oder der Lehrer einen Strauß mit Baumblüten in die Mitte. Die Kinder betrachten die Blüten, beschreiben sie und versuchen so – mit Hilfe des Lehrers oder der Lehrerin – den Eindruck von Leichtigkeit, Zartheit und Lebendigkeit wiederzugeben. Die Kinder sollen sich vorstellen, wie sich die Blüten im Wind bewegen, wie Blütenblätter mit kreisenden Bewegungen davonflattern. Natürlich wäre der Unterrichtsgang zu einem solchen Baum dafür ein idealer Hintergrund. Ein Vorteil ist dabei vor allem, daß auch das Leben im Baum und in der freien Natur wahrgenommen wird, also etwa Bienen und Vögel beobachtet und ihr Summen und Pfeifen gehört werden.
Nun sollen die Kinder selbst Blütenblätter sein, indem sie sich bewegen und die Tücher mit den Händen über sich schweben lassen. Sind diese tänzerischen Bewegungen erprobt, wird dazu die Musik gespielt. Man muß darauf achten, daß die Kinder ihren Tanz der Bewegung der Musik anpassen, also Temposteigerungen und ruhige Phasen auch umsetzen.

Ein Riesenei gestalten

Das Ei als uraltes Symbol des Lebens steht fast überall im Mittelpunkt des weltlichen Osterbrauchtums. Das Bemalen von Ostereiern oder die Herstellung von Osterschmuck mit ausgeblasenen Eiern ist den meisten Kindern aus dem Kindergarten oder dem Elternhaus vertraut. Das Anfertigen eines Rieseneis stellt an Erstkläßler verhältnismäßig hohe Ansprüche, die jedoch bei gegenseitiger Hilfestellung erfüllt werden können.

Organisation   Gruppenarbeit, Partnerarbeit, Einzelarbeit (Werkraum)

Material   Tapetenkleister, Zeitungen, ovale Luftballons, Farbe, Eimer, Plastikschüsseln, Schnur

Durchführung   Der Lehrer oder die Lehrerin bereitet am besten den Kleister in einem Eimer vor und verdünnt ihn dann kurz vor der Verarbeitung auf die in der Gebrauchsanweisung genannte Konsistenz. Nachdem die Gruppentische mit Zeitungen gut abgedeckt sind, werden darauf Plastikschüsseln mit Kleister gestellt. Die Riesenier werden nun in Partnerarbeit hergestellt: Ein Kind hält einen aufgeblasenen Luftballon in der Hand, während der Partner Zeitungsstreifen (etwa 10 cm breit) abreißt, leicht durch den Kleister zieht und dann über den Luftballon legt und glattstreicht, bis dieser mit Ausnahme der Aufblasöffnung ganz bedeckt ist. Auf diese Weise werden drei bis vier Schichten über den Luftballon gelegt. Sollte die Hülle zu naß sein, kann man auch zwischendurch oder am Schluß eine Schicht trockenes Zeitungspapier auflegen und glattstreichen. Dann werden die Ballons mit Hilfe einer Schnur zum Trocknen aufgehängt. Sie brauchen etwa 24 Stunden in einem warmen Raum, bis sie hart genug für die Weiterarbeit sind. Danach wird die Aufblasöffnung abgeschnitten, die Riesenier weiß grundiert und mit Motiven eigener Wahl bemalt.

 Osterbräuche

Ostern, das Fest der Auferstehung Christi, ist das höchste christliche Fest und der Mittelpunkt des Kirchenjahres. Es hat sich im Laufe der Geschichte vor allem auch aufgrund heidnischer Frühlingsbräuche ein umfangreiches Brauchtum entwickelt, von dem mit regionalen Unterschieden einiges erhalten geblieben ist. Am verbreitetsten sind verschiedene Bräuche im Zusammenhang mit Eiern.

Organisation   Klassenspiel, Partner- und Gruppenspiel

Material   je nach Osterbrauch verschiedene Zutaten

Durchführung   Am letzten Tag vor den Osterferien bringt jedes Kind ein hartgekochtes, buntes Osterei mit. Gruppenweise gehen die Kinder vor die Tür, während im Klassenzimmer die Ostereier versteckt werden. Am Schluß darf auch der Lehrer oder die Lehrerin ein Osterei suchen.
Ein alter Brauch besteht auch darin, daß jeweils zwei Kinder mit den Eiern „detschen" (picken, knacken), bevor sie gegessen werden: Die Kinder nehmen die Eier in die Hand und stoßen sie mit der Spitze gegeneinander, so daß eine Spitze zerbricht. Der Sieger kann dann mit dem nächsten Partner „detschen".
Bevor man einen derartigen Brauch in den Unterricht einbezieht, ist es sinnvoll, die Kinder zunächst über häusliches Brauchtum erzählen zu lassen. Falls es möglich ist, könnten die Kindern auch etwas demonstrieren. Danach wird dann entschieden, welcher Brauch in der Klasse durchgeführt werden soll. In diesem Zusammenhang sind die Osterbräuche ausländischer Kinder von besonderem Interesse!

Unterrichtsideen — Den Frühling begrüßen

 Bauernregeln für den Frühling

Bauernregeln haben eine lange Tradition. In ihnen hat sich die Erfahrung von zahlreichen Bauerngenerationen niedergeschlagen. Zumeist handelt es sich um Regeln, in denen Natur und Witterungszustände als Ursachen für kommende Ernteergebnisse ausgedrückt werden. Da immer weniger Menschen in landwirtschaftlichen Produktionsprozessen stehen und die Menschen in den Industrieländern sich den Naturzusammenhängen immer mehr entfremden, finden diese Regeln kaum noch Beachtung und geraten damit in Vergessenheit. Gerade deshalb sollen hier einige Bauernregeln, die sich auf den Frühling beziehen, aufgeführt und den Kindern zugänglich gemacht werden. Da es sich um Spruchregeln handelt, sollte jedes Kind einige davon auswendig lernen.

- Läßt der März sich trocken an,
  bringt er Brot für jedermann.
- Märzenschnee tut den Saaten weh.
- Regen im April jeder Bauer will.
- Wie's im April und Maien war,
  so schließt man aufs Wetter im ganzen Jahr.
- Mai, kühl und naß,
  füllt dem Bauern Scheune und Faß.
- Ist der Mai recht heiß und trocken,
  kriegt der Bauer kleine Brocken.
  Ist es aber feucht und kühl,
  dann gibt's Frucht und Futter viel.

Organisation Klassengespräch, Partnerarbeit, Gruppenarbeit

Material Aufgabenblatt

Durchführung Der Lehrer oder die Lehrerin könnte als Einstieg in das Thema mit einer leicht verständlichen Bauernregel beginnen, die den Zusammenhang zwischen Witterungsverhältnissen und deren Folgen ausdrückt (Tafelanschrieb):

Weihnachten im Klee –
Ostern im Schnee.

Im Klassengespräch finden die Kinder die Bedeutung dieser Regel heraus.
In Partnerarbeit könnten die Kinder nun versuchen, sich zunächst gegenseitig je eine Bauernregel auf dem Aufgabenblatt vorzulesen und zu erklären. Die einzelnen Regeln könnten aber auch in arbeitsteiliger Gruppenarbeit erschlossen und dann der Klasse erklärt werden.
Als Hausaufgabe sollten die Kinder über Großeltern, Eltern oder Bekannte einige weitere Bauernregeln herausfinden und aufschreiben.

2.4 Warten auf Weihnachten

Ziele

Obwohl die Advents- und Weihnachtszeit hauptsächlich im familiären Rahmen ihren Ausdruck findet, kann auch die Schule dazu beitragen, Verständnis zu wecken für das Besondere an dieser Zeit. Dabei spielen Licht und Dunkelheit in ihrer symbolhaften Bedeutung eine wichtige Rolle bei der sinnvollen Gestaltung dieses Zeitabschnitts. Das Zelebrieren vielfältiger Bräuche läuft in den christlichen Religionsgemeinschaften auf die Feier des Weihnachtsfestes in der Familie als Höhepunkt hinaus. In allen Grundschuljahren wird man in dieser Zeit für eine entsprechende Atmosphäre sorgen.

Didaktischer Kontext

Mit Weihnachten verbindet sich für Kinder und Erwachsene nicht nur der Gedanke an das Fest selbst, sondern an eine ganze Zeitspanne. Die verschiedenartigen Vorbereitungen, die Bräuche und Rituale, die in den Wochen vor dem Fest stattfinden, werden von den meisten als ebenso wichtig und schön empfunden wie das Fest selbst. Kein Fest im Jahresablauf wird so sehr durch die vorangehenden Wochen geprägt. Dies gilt nicht nur für die Familien, die stark im christlichen Glauben verwurzelt sind und für die die Adventszeit die Zeit der Erwartung der Ankunft und Weihnachten die Erinnerung an die Geburt Christi ist. Auch in Familien, die den religiösen Ursprung und Hintergrund dieser Zeitspanne nicht beachten, werden die vorweihnachtliche Zeit und das Fest sehr oft in gleicher Weise begangen. Ein entscheidender atmosphärischer Hintergrund für die Erlebnisweise dieser Zeit sind die kurz gewordenen Tage, an denen die Dunkelheit bereits am späten Nachmittag hereinbricht und die Notwendigkeit, Licht zu machen, besonders spürbar wird. Als erstes Zeichen für den baldigen Beginn der vorweihnachtlichen Zeit kann schon der Martinstag mit seinem Lichterumzug angesehen werden. Der Gegensatz von Licht und Dunkelheit wird durch die bunten Laternen beim abendlichen Umzug der Kinder in besonderer Weise erlebt, wobei das Singen von Liedern die Atmosphäre zusätzlich prägt. Vom Martinstag bis zum 1. Advent sind es dann nur noch etwa zweieinhalb Wochen, so daß die Vorbereitungen auf die Adventszeit bereits jetzt ihren Anfang nehmen.

Auch die Adventszeit hat ihre eigenen Höhepunkte mit den vier Sonntagen, an denen jeweils eine neue Kerze entzündet wird, und vor allem dem Nikolaustag. Es gibt viele Gegenden, in denen der Nikolaus – getreu seinem historischen Vorbild – als Bischof verkleidet am Vorabend des Nikolaustages zu den Kindern in die Familie kommt. Anderswo wird über Nacht ein Teller oder Stiefel vor die Schlafzimmertür gestellt, in welche der Nikolaus seine Gaben legt. Gerade die Grundschulzeit eignet sich für eine abendliche Nikolausfeier in der Schule zusammen mit den Eltern.

Das Schaffen einer weihnachtlichen Atmosphäre für einige Minuten zu Beginn jedes Schulmorgens dient der Entwicklung der Sensibilität für die „stille Zeit". Aber auch kleine Feiern innerhalb der Klasse entsprechen der Intention, die Weihnachtszeit in sinnerfüllter Weise vorzubereiten, ohne daß dabei der religiöse Charakter zu dominant wird und dadurch Andersgläubige beeinträchtigt werden. Wenn in einer Klasse keine Kinder anderer Religionsgemeinschaften sind, kann der ursprüngliche Sinn auch bei den Klassenfeiern in vollem Umfang zum Tragen kommen.

Da es sich um ein wichtiges Fest handelt, das aus dem christlichen Glauben kommt und in unserem Kulturkreis eine bedeutende Rolle im Familienleben spielt, darf es nicht übergangen werden, auch dann nicht, wenn Andersgläubige in der Klasse sind. Hier ergeben sich auch interkulturelle Aspekte der Thematik. Sie lassen sich zum Beispiel festmachen am Phänomen der Geburt, der eine Zeit der Erwartung vorausgeht. Die erwartete Ankunft löst Freude aus und erfordert einen sorgsamen Umgang mit der vorangehenden Zeit.

In allen Fällen, in denen im Klassenzimmer mit größeren Schülerzahlen gebastelt werden soll, wird die Arbeit durch die Hilfe einiger Eltern sicher erleichtert.

 Dunkelheit und Licht
(Für den täglichen Unterrichtsbeginn geeignet!)

Das Erleben von Licht und Dunkelheit ist bei Kindern in besonderer Weise emotional geprägt. Die Erfahrungen reichen von Angst bis Glück, von Gruseln bis Behaglichkeit. Dunkelheit kann bedrohlich wirken, Licht befreit von der Bedrohung, weil es Klarheit schafft. Licht kann aber auch grell und schmerzlich sein, so daß Dämmerung oder Dunkelheit wohltuend erscheinen. Im Zusammenhang mit der Advents- und Weihnachtszeit stellen Licht und Dunkelheit etwas Zusammengehörendes dar, das sich positiv ergänzt: Licht als etwas Atmosphärisches ist nur erfaßbar in der Dämmerung oder Dunkelheit; wenn dieser Zeitabschnitt geprägt sein soll durch das Licht, so kommt dem wohltuenden und Geborgenheit vermittelnden Licht besondere Bedeutung zu.

Es gibt vielfältige Situationen, dies im Schulleben zu vermitteln. Gerade im Anfangsunterricht der ersten beiden Klassen, aber auch noch darüber hinaus, sollten täglich wenigstens einige Minuten der Besinnung und dem Erleben von Stille dienen.

Organisation Sitzkreis

Material Kerzen (Adventskranz)

Durchführung Schon vor Beginn der Adventszeit werden die Vorbereitungen für die vorgesehenen weihnachtlichen Rituale getroffen. Im Gesprächskreis erzählen die Kinder zunächst von Erlebnissen, die sie bei Dunkelheit hatten, und welche Gefühle sie damit verbanden. Von den kindlichen Erfahrungen ausgehend, wird über die unterschiedliche Bedeutung von Licht gesprochen und damit der Sinn von aufgestellten Kerzen verdeutlicht. Am ersten Tag der Adventszeit wird der Unterrichtsmorgen mit einem Sitzkreis begonnen, in dessen Mitte sich ein Adventskranz oder eine Kerze befindet. Die erste Kerze wird feierlich entzündet, und der Lehrer oder die Lehrerin bespricht mit den Kindern die für die kommenden Wochen beabsichtigte Gestaltung des Unterrichtsbeginns.

Aus dem Angebot thematisch passender Lieder hier zwei Vorschläge:

Unterrichtsideen — Warten auf Weihnachten

Ein Kerzenlicht am Tannenzweig

Text: Wolfgang Longardt
Melodie: Detlev Jöcker
© Menschenkinder Verlag

Ein Ker-zen-licht am Tan-nen-zweig ist wie ein lei-ser Fin-ger-zeig,
es weist uns al-le wie-der hin auf gu-ten, al-ten Weih-nachts-sinn.

1. Viel Dunk-les gibt es in der Welt, viel Angst und Ein-sam-keit,
doch sanft ein Licht die Welt er-hellt, es schenkt Ge-bor-gen-heit.

Refrain: Ein Kerzenlicht am Tannenzweig ...

2. Das Licht verwandelt Groß und Klein,
will trösten, den der weint,
was grob und hart, darf sanft nun sein,
ein Friedenslicht erscheint.

Refrain: Ein Kerzenlicht am Tannenzweig ...

3. Weil Frieden oft so klein, so zart,
so wie ein Hoffnungsschein,
sei dieses Weihnachtslicht bewahrt:
in uns darf Frieden sein.

Refrain: Ein Kerzenlicht am Tannenzweig ...

4. Den Funken Hoffnung suchen wir
wir hör'n von jenem Kind,
es sagt: „Nun kommet her zu mir,
weil Frieden neu beginnt."

Aus: „Kommt, wir feiern Weihnachten" (Buch + MC)

Unterrichtsideen Warten auf Weihnachten

 Adventskranz binden

Das Aufstellen oder Aufhängen eines Adventskranzes mit vier Kerzen ist nach wie vor der bekannteste Adventsbrauch. Er wird auch heute noch in vielen Familien gepflegt. Es gibt jedoch nur noch wenige Familien, die ihren Adventskranz selbst binden. Für die Kinder im 1. und 2. Schuljahr wäre dies auch eine zu schwierige Aufgabe. Der Lehrer oder die Lehrerin könnte jedoch mit Hilfe der Kinder in der Klasse einen eigenen großen Adventskranz gestalten. Dadurch wird das Brauchtum wesentlich intensiver vermittelt. Zwar kommt dem Lehrer oder der Lehrerin hierbei die Hauptaufgabe zu, aber die Atmosphäre der Vorbereitung auf die Adventszeit wird von allen unmittelbar erlebt: Das eigenhändige Binden des Kranzes ist Teil des Brauchtums.

Organisation Gruppen-, Partner-, Einzelarbeit

Material Weidenruten, Schnur, Zeitungspapier, Zweige von Tannen und anderen Nadelhölzern, Scheren, Gartenscheren, vier Kerzenhalter, Kerzen, Dekorationsmaterial, eventuell ein Kranz-Grundkörper aus Styropor oder Stroh

Durchführung Die Durchführung dieser Aufgabe hängt vom Standort der Schule ab, weil die Beschaffung von Weidenruten und Tannenreisig nicht überall in gleicher Weise möglich ist. Zunächst werden die Aufgaben der einzelnen Kinder besprochen. Da nicht alle beim Binden helfen können, kann überlegt werden, welche weiteren Aufgaben zu erledigen sind: Zweige und Weidenruten zurechtschneiden, Kranzschmuck (z. B. Strohsterne) herstellen u. ä.
Zunächst werden vier bis fünf Weidenruten zu einem Reifen zusammengebunden oder mit Klebestreifen zusammengeklebt (Durchmesser ca. 50 cm). Dieser Weidenreifen wird nun mit Zeitungspapier dick umwickelt und mit Schnur umbunden, so daß ein etwa armdicker, fester Ring entsteht. Hier könnte auch ein Styroporring oder ein entsprechender Strohkranz als Grundkörper verwendet werden. In der Zwischenzeit haben einige Kinder von den Tannenästen 20 cm lange Zeige abgeschnitten. Sie bündeln nun jeweils zwei bis vier Zweige und reichen diese zum Binden weiter. Die Bündel werden fest auf den Grundkörper gebunden. Ist der Kranz fertig, kann man ihn schmücken und die Kerzen befestigen.

 Lichtschein – Bastelarbeiten

Die Kinder verbringen in dieser Jahreszeit, wenn es nicht schon geschneit hat, den größten Teil ihrer Freizeit in der Wohnung. Die Schule kann durch vielseitige Unterrichtsaktivitäten dazu anregen, diese Freizeit für die Gestaltung der Vorweihnachtszeit konstruktiv zu nutzen. Denn was in der Schule gemacht wird, soll dazu anregen, es zu Hause zu wiederholen und das eigene Zimmer oder die Wohnung zu schmücken. Dabei sollten Kinder, denen es zu Hause an Material und Hilfe fehlt, in irgendeiner Form unterstützt werden!
Licht wird besonders deutlich erfahren als Kontrast zu Dunkelheit. Die folgenden einfachen Bastelarbeiten dienen dazu, dekorative Gegenstände herzustellen, bei denen dieser Kontrast erlebt werden kann:
a) Fensterbild
b) Tischlaterne
c) Haus mit erleuchteten Fenstern

Material a) festes schwarzes Papier (Tonpapier) DIN A 4, helles Transparentpapier, Scheren, Klebstoff, Klebestreifen

Unterrichtsideen — Warten auf Weihnachten

b) Kopiervorlage 17, Metallfolie bzw. Gold- oder Silberpapier, Büroklammern, dicke Stopfnadeln, weiche Unterlagen, Scheren, Klebstoff, Teelichter

c) Kopiervorlage 18, eventuell dunkle Tonpapiere, Scheren, Klebstoff, Teelichter

Organisation Einzelarbeit, Partnerarbeit

Durchführung

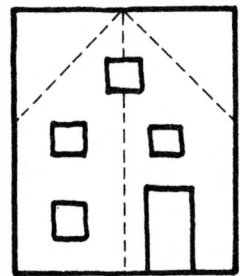

a) Am besten ist es, wenn die Lehrerin oder der Lehrer jeden Arbeitsschritt vormacht und die Kinder ihn dann nachvollziehen. Im 2. Schuljahr ist es sicher auch denkbar, die ganze Arbeit vorab zu erklären und die Kinder dann allein arbeiten zu lassen.
Die Ecken des schwarzen Blattes (etwa DIN A 4) werden an einer Schmalseite so umgeknickt, daß ein Dach entsteht. Die Ecken können entweder abgeschnitten oder auf der Rückseite festgeklebt werden. Dann zeichnen die Kinder eine Tür und zwei oder drei Fenster mit Bleistift auf und schneiden diese anschließend aus. Hinter die ausgeschnittenen Öffnungen kleben die Kinder das Transparentpapier. Wird es doppelt geklebt, entstehen dunklere Töne. Wenn die Häuser am Fenster befestigt sind und Licht von außen hereinfällt, sieht es so aus, als ob in den Häusern Licht brennt.

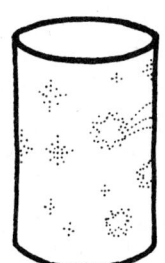

b) Zur Herstellung der Tischlaterne benötigen die Kinder weiche Unterlagen. Man kann auf jeden Gruppentisch eine Wolldecke legen oder verwendet Schaumstoff- bzw. Filzunterlagen. Die Kinder befestigen nun die Vorlage mit Büroklammern auf dem Gold- bzw. Silberpapier (oder Metallfolie) und legen beides auf die weiche Unterlage. Nun stechen sie mit Stopfnadeln das vorgezeichnete Muster nach, welches sich natürlich erweitern oder verändern läßt. Anschließend schneiden die Kinder die Ränder sauber nach und kleben die Laterne zusammen. Der Schein des Teelichts dringt nun durch das filigrane Muster.

c) Die Bastelvorlage für das Lichterhaus ist schwieriger zu bearbeiten: Sie sollte auf farbiges Papier kopiert oder von Hand auf dunkles Tonpapier übertragen werden (im letzten Fall natürlich nur die zum Falten und Schneiden wichtigen Linien). Außerdem müssen die Kinder bei dieser Arbeit komplizierter falten und ausschneiden. Nach entsprechenden Erklärungen macht die Aufgabe Kindern in der 2. Klasse jedoch kaum Probleme. Durchgezogene Linien werden geschnitten, gestrichelte gefaltet. Beim Zusammenkleben an der Seite sollten sich die Kinder gegenseitig helfen.
Die Lichterhäuser stehen entweder bei jedem Kind, oder sie bilden zusammen eine „Stadt in der Nacht".

Unterrichtsideen   Warten auf Weihnachten

 Adventskalender für die Klasse

Wie alle Kalender ist auch der Adventskalender eine Einteilung für einen bestimmten Zeitabschnitt, nämlich für die 24 Tage vor dem Weihnachtsfest. Die Vielfalt an Möglichkeiten, Adventskalender zu gestalten, ist nahezu unerschöpflich. Am verbreitetsten sind die großflächigen Bilder, an denen man Türchen öffnen kann, hinter denen dann ein Bild oder auch eine Süßigkeit zum Vorschein kommt. In der Schulklasse, wo 20–30 Kinder am Zählvorgang beteiligt sind, wird man eine andere Kalenderart wählen. Beim folgenden Vorschlag wird der Verlauf des Zeitabschnitts, die Zunahme der vergehenden Tage und die Abnahme der noch bleibenden optisch besonders deutlich.

Organisation   Gesprächskreis, Einzelarbeit

Material   Scheren, Kopiervorlage 19, Transparentpapier (Grün- und Blautöne für die Bäume, Gelbtöne für die Sterne), Klebstoff

Durchführung   Die Kopiervorlage bietet einen Tannenbaum und einen Stern an, da man beides am Fenster gut zu einem „Wald unter dem Sternenhimmel" zusammenstellen kann. Hat man mehr als 24 Kinder in der Klasse, so können noch vier Teile für die Adventssonntage ausgeschnitten werden. Die Arbeitsweise stellt keine hohen Anforderungen an die Kinder. Nach einem vorangegangenen Kreisgespräch über Adventskalender stellt der Lehrer oder die Lehrerin den vorgesehenen Kalender vor. Die Kinder schneiden je eine Figur an der äußeren und inneren Linie entlang aus und kleben das Transparentpapier dahinter. Sie schneiden es am äußeren Rand entlang ab. Die 24 Teile werden an ein Steckbrett geheftet, und jeden Morgen darf ein Kind einen Stern oder einen Tannenbaum an das Fenster kleben, so daß ein großes Gemeinschaftsbild entsteht.
Natürlich können sowohl die Sterne als auch die Bäume ebenso auf andere Weise hergestellt werden. Oder man verwendet andere Motive.

 Schenken und Beschenktwerden

Der Ursprung des Schenkens an Weihnachten ist im biblischen Sinn offensichtlich: Den Menschen ist der Erlöser geschenkt worden, und an dieses Geschenk soll erinnert werden. Allerdings ist dieser Ursprung vielfach nicht im Bewußtsein. Schenken ist ein Brauch, und die Art und Menge der Geschenke unterliegen ganz anderen Gesetzmäßigkeiten. Mit Geschenken will man eine Freude bereiten, wobei die Erfahrung gemacht wird, daß diese Freude auch der Schenkende empfindet.
In einer Wohlstandsgesellschaft ist es leicht möglich, daß Geschenke an ihrem materiellen Wert gemessen werden und nicht an ihrer Bedeutung. Dies gilt allerdings vorwiegend für Erwachsene, für Kinder geht es mehr um die Erfüllung von Wünschen, die freilich auch von finanziellen Möglichkeiten abhängt. Es gibt Kinder, die sich über kleine Geschenke freuen können und andere, die sehr viel schwerer zufriedenzustellen sind. Diese ungleichen Voraussetzungen sind bei der Behandlung des Themas in der Klasse zu berücksichtigen. Das Gedicht „Der lange Wunschzettel", das eine modernisierte Veränderung des gleichnamigen Gedichts von Heinrich Seidel ist, führt in humorvoller Weise in die Problematik ein.

Der lange Wunschzettel

„Ich wünsche mir ein Schaukelpferd,
ein Fahrrad mit drei Gängen
und einen kleinen Teddybär,
am Lenker festzuhängen.

Drei Märchenbücher wünsch ich mir
und einen Holzbaukasten
und auch ein kleines Tischklavier
mit schwarz und weißen Tasten.

Ein Domino, ein Puzzlespiel,
ein Kasperletheater
mit Zauberer und Krokodil
vergiß nicht, lieber Vater.

Ein Müllauto von Playmobil
und eine Feuerwehr
und Männchen auch zu diesem Spiel,
das bräuchte ich schon sehr.

Ein Süßigkeitenautomat
mit Zuckerzeug gar fein,
auch könnt ein Fernsehapparat
bei mir im Zimmer sein.

Mir fehlt, ihr wißt es sicherlich,
auch noch ein neuer Schlitten,
und auch um Schlittschuh' möchte ich
noch ganz besonders bitten.

Auch Legosteine hätt' ich gerne
und eine Eisenbahn
und Stroh für kleine Weihnachtssterne,
Gebäck und Marzipan.

Auch eine Rutschbahn könnte noch
bei mir im Zimmer sein,
dann rutsch ich abends von ganz hoch
vom Schrank ins Bett hinein.

Doch ist dies alles euch zu viel,
und wollt ihr daraus wählen,
so könnte wohl das Puzzlespiel
und auch das Stroh noch fehlen."

Als Stefan so gesprochen hat,
sieht man die Eltern lachen:
„Was willst du, kleiner Nimmersatt,
mit all den vielen Sachen?"

„Wer soviel wünscht" – der Vater spricht's –
„bekommt auch nicht ein Achtel –
der kriegt ein ganz klein wenig Nichts
in einer Streichholzschachtel!"

Arnold Grömminger
(nach H. Seidel)

Organisation	Gesprächskreis, Einzelarbeit
Material	Gedichttext „Der lange Wunschzettel", Kärtchen, Malutensilien
Durchführung	Im Gesprächskreis berichten die Kinder zunächst über ihre Weihnachtswünsche und möglicherweise auch darüber, was sie selbst verschenken wollen. Dann liest der Lehrer/die Lehrerin das Gedicht vor, und die Kinder äußern sich dazu.

Die Kinder bekommen das Gedicht nun zum Lesen mit nach Hause. Man kann es mit verteilten Rollen lesen (für jede Strophe ein anderer „Stefan") oder gar auswendig lernen (je Kind eine Strophe) und vortragen. Das Gedicht kann auch bildlich (z. B. als Comic) dargestellt werden.

Zur Vertiefung der Gedichtaussage bietet sich folgendes Spiel an: Immer zwei Kinder beschenken sich gegenseitig symbolisch. Dazu malt jedes Kind sein Geschenk auf ein Kärtchen oder einen Zettel oder schreibt das Wort darauf. Im Sitzkreis verteilen dann alle ihre Geschenke, indem jedes Kind sich an seinen Partner wendet, ihm das Kärtchen überreicht und dazu spricht, z. B.: *„Ich schenke dir einen großen Schokoladenkuchen, weil ich weiß, daß du den magst!"* oder *„Ich schenke dir*

Unterrichtsideen   Warten auf Weihnachten

Schlittschuhe, weil ich weiß, daß du gern Schlittschuh läufst." Auch ganz ungewöhnliche Geschenke kommen in Frage, z. B.: *„Ich schenke dir einen Dinosaurier, weil ich weiß, wie toll du sie findest."* usw.

Weitere Anregungen

✳ **Wichteln:** In vielen Klassen beschenken sich die Kinder auch wirklich, wobei eine finanzielle Höchstgrenze festgelegt wird. Dies kann geschehen über einen Wichtelsack oder aber auch dadurch, daß die Kinder Lose ziehen und dann ihr Geschenk persönlich übergeben.

✳ **Backen:** Zur Atmosphäre der Advents- und Weihnachtszeit gehört auch die Vielfalt der Düfte. Der wichtigste Duft für die Kinder ist der, der beim Backen entsteht. Da die meisten Schulen mit einem Backofen ausgestattet sind, bietet sich in dieser Zeit das Backen von Weihnachtsplätzchen an.

✳ **Krippenspiel:** Das Einüben eines Krippenspiels, das bei einer Weihnachtsfeier den Eltern oder Mitschülern vorgeführt werden kann, verdeutlicht den Zusammenhang von Brauchtum und dessen Ursprung. Die am häufigsten aufgeführten Themen behandeln in verschiedenen Varianten die Herbergssuche und den Besuch der Hirten an der Krippe.[1]

✳ **Weihnachtsbräuche woanders:** Gerade in unserer multikulturellen Gesellschaft ist es wichtig, etwas darüber zu erfahren, wie Menschen in anderen Ländern Weihnachten feiern, aber auch wie Menschen aus anderen Ländern, die bei uns wohnen, dieses Fest begehen. Kinder aus anderen Kulturkreisen, die in der Klasse sind, erzählen darüber. Auch können die anderen Kinder ihre Eltern oder ausländische Familien befragen und die Informationen der Klasse vermitteln.

✳ **Klanggeschichten:** Der Lehrer/die Lehrerin liest eine Geschichte vor, die die Kinder mit Orff-Instrumenten verklanglichen.[2] Die Kinder überlegen selbst, welches Instrument sich zur Verklanglichung eines Phänomens am besten eignet. Dies kann in einfacher Weise geschehen, z. B.:
Schneefall durch Fingerzimbeln,
Sterne durch Triangel,
Komet durch Glissando auf einem Glockenspiel,
Hirten durch leise Trommelschläge usw.

---

[1] Zum Beispiel in:
Cratzius, Barbara: ... und alle gehen wir zur Krippe. Spiele für die Advents- und Weihnachtszeit. Lahr-Dinglingen 1987
Cratzius, Barbara/Könemund, Gisela: Theaterstücke zur Weihnachtszeit. Ravensburg 1990
Grömminger, Arnold (Hrsg.): Spieltexte 2.–4. Schuljahr. Stuttgart 1981
Hitzelberger, Peter (Hrsg.): Wo, bitte, geht's nach Bethlehem? Stuttgart 1993

[2] Dazu eignen sich Geschichten z. B. aus folgenden Büchern:
Deinhofer, Petra (Hrsg.): Weihnachtliche Zeit. München 1991
Krenzer, Rolf (Hrsg.): Kerzen leuchten überall. Limburg 1991
Krenzer, Rolf: Weihnachten ist nicht mehr weit. Limburg 1986

2.5 Bücher machen und vorlesen

Ziele

Fast alle Kinder haben Erfahrungen im Umgang mit Büchern. Sie sollen aber auch erleben, daß man Bücher selbst herstellen kann, um anderen etwas mitzuteilen. Dabei können Informationen, Ereignisse, Erlebnisse oder Erfundenes schriftlich und bildhaft festgehalten werden. Die Kinder lernen die Besonderheiten von Text- und Bildmitteilung kennen und bemühen sich um eine ästhetische Gestaltung ihrer Produkte. Die Schulzeit bietet vielfach Gelegenheiten und Anlässe dafür, Bücher selbst herzustellen und aus ihnen vorzulesen. Allerdings ist es sinnvoll, dieses Thema mit der ganzen Klasse frühestens gegen Ende des ersten Schuljahres oder sogar erst in der zweiten Klasse zu behandeln.

Didaktischer Kontext

Wenn dieses Unterrichtsvorhaben gelingen soll, so müssen einige grundlegende Bedingungen erfüllt sein. Die wohl entscheidendste ist die wachsende Eigenerfahrung der Kinder, daß es möglich und wichtig ist, sich anderen mitzuteilen.
Die Fähigkeit zur unbefangenen Mitteilung ist an die Ausbildung einer einzigen wesentlichen Einstellung gebunden, die sich systematisch fördern läßt und die immer wieder gestärkt werden muß: das Vertrauen eines jeden Kindes in die Gewißheit: „Ich habe etwas zu sagen."
Primär ist davon das mündliche Mitteilen betroffen. Ohne das Bedürfnis, sich mündlich mitteilen zu wollen (wenn auch bei etlichen Kindern – vor allem bei ausländischen Kindern – zunächst nur in ganz bescheidenen Ansätzen) kann sich die Fähigkeit der schriftlichen Mitteilung kaum entfalten. Dieses Bedürfnis sollte unbedingt gestärkt werden, bevor man an die Herstellung eines Buches denkt. Ansonsten kann es leicht geschehen, daß sich Lehrer und Lehrerinnen verführen lassen, mit Kindern Bücher zu machen, ohne daß auf seiten der Kinder eine wirkliche Motivation dafür vorliegt, etwas mitzuteilen und zu veröffentlichen.

Mein Schlüsselwort schließt eine Geschichte auf
(Einführung!)

Es gibt ganz unterschiedliche Wege, um Kinder zunächst zum Schreiben, Aufschreiben bzw. Drucken und später zum Büchermachen zu verlocken. Eine gute Möglichkeit der Einführung ist das exemplarische Verfahren mit einem bedeutungsgeladenen eigenen Wort, einem Schlüsselwort.
Ein einziges Wort genügt als Einstieg und Baustein. Der Weg, über Schlüsselwörter zum Schreiben zu gelangen, hat sich besonders bewährt, weil ihr Zustandekommen nicht zufällig ist, sondern eingebunden in einen eigenen psychosozialen Kontext. Dieser Kontext ist gewissermaßen der Schatz, den es zu bergen gilt. Geschieht dies (mit oder ohne Hilfe anderer), so hat man die dahinter verborgene Geschichte ans Licht gebracht.[1]

Organisation

Sitzkreis im Klassenverband oder mit Teilgruppe, Einzel- und Partnerarbeit

Material

Wörterschachtel für jedes Kind zum Aufbewahren von DIN-A7-Karteikarten, DIN-A7-Zettel, eventuell ein Stempelkasten mit Buchstabenstempeln für je zwei Kinder, Farbstifte

---

[1] Vgl. hierzu:
Gümbel, Ruth: Meine eigenen Wörter. In: Grundschule 6/1977. S. 268 ff.
Gümbel, Ruth: Lesen lernen an „eigenen Wörtern". In: Grundschule 7/1983. S. 16 ff.
Schwander, Michael: Lese-Schreibspiele. In: Schwander, Michael: Spielen im Deutschunterricht I. Richtig Lesen und Schreiben. Heinsberg 1984

| Unterrichtsideen | Bücher machen und vorlesen |

Durchführung

a) Um die Kinder an ihre eigenen Schlüsselwörter heranzuführen, spricht der Lehrer oder die Lehrerin über sich. Er/sie spricht von etwas, das im Augenblick wichtig ist, z. B. daß jemand in der Familie heute oder bald Geburtstag hat und daß er/sie sich deshalb auf etwas freut: *„Wenn ich einen Moment die Augen schließe und ganz still in mich hineinhöre (demonstrieren!), dann taucht etwas in meiner Vorstellung auf, auf das ich mich jetzt schon freue. Es gibt ein Wort für das, worauf ich mich freue. Dieses Wort heißt ‚Kuchen'",.* Die Lehrerin oder der Lehrer schreibt für alle sichtbar auf eine Karteikarte: „Kuchen", gegebenenfalls auch an die Tafel: „So heißt heute ein wichtiges Wort für mich." Er/sie erklärt weiter: *„Gestern war ein ganz anderes Wort für mich wichtig. Es hieß ‚Zahnarzt'. So hat jeder Mensch jeden Tag ein Wort oder auch mehrere Wörter, die für ihn wichtig sind, die für ihn etwas Besonderes bedeuten.*
Diese Wörter kann man aufschreiben oder drucken.
Es gibt Tage, an denen weiß ich sofort, welche Wörter für mich wichtig sind. An anderen Tagen weiß ich es nicht. Wenn ich es wissen möchte, schließe ich einfach die Augen. Versucht es einmal!"

b) Der Lehrer oder die Lehrerin bittet die Kinder, die Arme zu verschränken, auf die Knie zu senken, ganz bequem den Kopf darauf zu legen, die Augen zu schließen und still in sich hineinzuhorchen: *„Versucht ganz ruhig zu atmen … Laßt viele Wörter durch euren Kopf wandern … Die unwichtigen verschwinden von allein wieder … Wichtigere bleiben … Das wichtigste taucht immer wieder von neuem auf. Wenn ihr das Wort kennt, haltet es fest … Spielt damit! … Sprecht es ein paar mal ganz leise vor euch hin … Andere Wörter können dazukommen … Sie können zu einer kleinen Geschichte gehören … Wer sein Wort gefunden hat, macht die Augen wieder auf und schaut die anderen Kinder im Kreis an."*

c) Partnergespräch: Je zwei Kinder sprechen über ihr Wort, das sie zuvor auf einem DIN-A7-Zettel notiert haben. Dazu ist in der Regel die intime Situation des Partnergesprächs besser geeignet als die etwas bedrohlichere in der Gesamtgruppe. Keinem Kind soll jedoch verwehrt sein, über sein Wort vor allen Kindern zu sprechen. Aber niemand soll dazu genötigt werden.

d) Der Lehrer oder die Lehrerin spricht darüber, daß ihm/ihr zum Wort „Kuchen" noch andere Wörter eingefallen sind. Daraus könnte man eine kleine Geschichte schreiben. Der Lehrer/die Lehrerin schreibt an die Tafel und liest vor:

> Ich freue mich.
> Heute nachmittag feiern wir *Omas Geburtstag*.
> *Kerzen* stehen auf dem Tisch.
> Es gibt *Kuchen*.

Die wichtigsten Wörter werden unterstrichen. Der Lehrer oder die Lehrerin liest den Text nochmals vor und deutet an, daß man das auch malen könnte: drei Kerzen, Kuchen und alle, die am Tisch sitzen.

e) Im Anschluß an diese Demonstration beginnen die Kinder, ihre eigenen Wörter aufzuschreiben.
Einzelwörter werden auf Karteikarten geschrieben oder auch gestempelt.
Will jemand gleich eine ganze Geschichte erzählen, benutzt er ein DIN-A 4-Blatt. Zuerst jedoch könnten die Kinder die Geschichte malen. Auf diese Weise vermeidet man ein allzu großes Gedränge, denn sehr viele Kinder möchten wissen, wie sich ihre Wörter schreiben. Die Kinder diktieren dem Lehrer/der Lehrerin auf die bereitliegenden Zettel ihre Wörter, die in Druckbuchstaben aufgeschrieben werden. Zu den Buchstaben kann man die passenden Stempel suchen und das Wort

auf die Karten stempeln. Anschließend wird noch illustriert und verziert. Manche Kinder übertragen die Druckschrift ohne Stempel. Zunächst wird kein falsch geschriebenes Wort beanstandet.

f) Kreisgespräch: Wörter und Geschichten werden vorgezeigt und erläutert, wobei die Situation in der Regel gleichermaßen von Stolz und Neugierde beherrscht wird.

g) Wörter und Geschichten werden zum Zeigen und Vorlesen mit nach Hause genommen und in Einzelfällen auch verschenkt. Die Kinder fertigen von den Wortkarten, die sie verschenken wollen, eine Abschrift an für ihre Wörterschachtel.

Man kann die Kinder anregen, sich mit Hilfe des In-sich-Hineinhorchens wichtige Wörter und Geschichten spielerisch auszumalen, z. B. abends vor dem Einschlafen. Auch Phantasie braucht Übung.
Nach solcher Einübung fällt es den Kindern in aller Regel nicht schwer, sich für einen Gedanken zu begeistern, der in der Luft liegt, oder sich auf ein Thema einzulassen, das besonders attraktiv erscheint, weil es aus der unmittelbaren Interaktion hervorgegangen ist.

※ **Unser Geschichtenbuch**

Aus den gesammelten Geschichten aller Kinder kann man ein klasseneigenes Vorlesebuch zusammenstellen, z. B. in Form eines Leporellos.

Organisation — Einzelarbeit

Material — für jedes Kind eine Zusammenstellung kopierter Geschichten, farbiges Tonpapier, Scheren, Klebstoff, Schreib- und Malutensilien

Durchführung — Jedes Kind erhält zugeschnittene Tonpapierstreifen mit vorgezeichneten Faltlinien. Die Maße des Streifens richten sich nach Format und Anzahl der Kopien.
Die Kinder falten die Streifen ziehharmonikaartig und kleben auf jede Seite eine Geschichte.
Das Deckblatt erhält einen Titel und wird – wie auch die übrigen Seiten – farbig illustriert.
Natürlich sollten die Kinder dieses Geschichtenbuch auch tatsächlich zum Lesen und Vorlesen verwenden können.

Weitere Anregungen — ※ **Die ganze Klasse in der Hosentasche**
Ein Mini-Leporello mit den Namen aller Kinder einer Klasse erleichtert die Kontaktaufnahme für Verabredungen und Einladungen. Die Kinder stellen dieses Leporello aus vorbereiteten Papierstreifen her (ein DIN-A 4-Blatt längs in drei Streifen schneiden und diese aneinanderkleben; vorher Faltlinien einzeichnen).
Jede Seite erhält Namen, Anschrift, Telefonnummer und den Fingerabdruck (Stempelfarbe) eines Kindes und kann zusätzlich verziert werden.

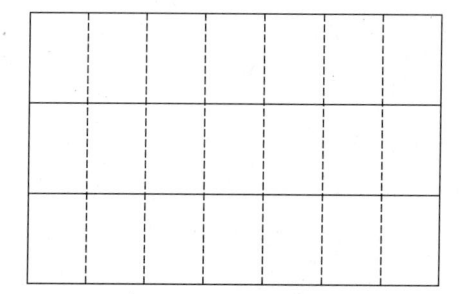

Unterrichtsideen — Bücher machen und vorlesen

✳ Das ABC in der Streichholzschachtel

Sobald die Laut-Buchstabe-Zuordnung (Graphem-Phonem-Korrespondenz) im ersten Schuljahr zu einem übergreifenden Thema wird, kann das Falt-ABC in der Streichholzschachtel eine pfiffige Unterstützung sein.

Damit das Leporello in eine (beklebte und verzierte) Streichholzschachtel paßt, muß das DIN-A 4-Blatt in vier Längsstreifen geschnitten werden. Der Abstand zwischen den Faltlinien beträgt 3 cm. Jede Seite kann man nun so oder ähnlich illustrieren und beschriften.

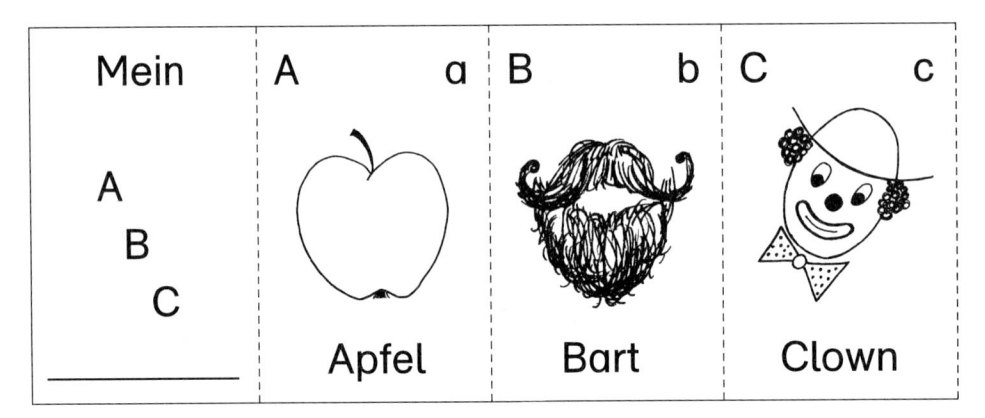

✳ Ein Sachbuch gestalten

Der Anteil der Sachbücher innerhalb der Kinderliteratur nimmt immer mehr zu. Zu den Lieblingsthemen der Kinder gehören Tiere und Pflanzen. Die meisten Kinder kennen auch Tier- und Pflanzenbilderbücher. Deshalb bietet es sich an, daß entweder jedes Kind ein eigenes Sachbuch herstellt oder daß die Klasse gemeinsam ein Buch erarbeitet.

Für ein Blumen- oder Pflanzensachbuch können gepreßte Blüten, Blätter oder Gräser verwendet werden, für ein Tiersachbuch eignen sich selbstgemachte Fotos (Haustiere, Bauernhof, Zoo), ausgeschnittene oder selbstgemalte Bilder. Denkbar sind auch ganz andere Themen, z. B. Fahrzeuge, Spielsachen, Lieblingsspeisen u. ä. Der Schriftanteil in diesen Büchern kann variieren und hängt vom Zeitpunkt der Behandlung des Themas innerhalb der ersten beiden Schuljahre ab; das gilt auch für die Schriftart.

Organisation alle Sozialformen

Material Pappdeckel in verschiedenen Farben (DIN A5), gepreßte Pflanzen, thematisch passende Bilder, Schreib- und Malutensilien, Papier, Material zum Drucken (z. B. Stempel) und zum Heften oder Binden

Durchführung Um den Einstieg reizvoll und provokant zu gestalten, werden an jedes Kind zwei leere Pappdeckel (DIN A5) verteilt mit dem Hinweis, daß diese nichts anderes seien als die Buchdeckel. Das Fehlende wird zum Thema.

In einer ersten Gesprächsrunde bringen die Kinder alle ihre Kenntnisse, Ideen und Fragen ins Spiel. Konkrete Gestaltungsvorschläge werden gesammelt und schriftlich festgehalten. Es werden Entscheidungen getroffen über Inhalte, formale Gesichtspunkte und die zeitliche Abfolge der nötigen Arbeiten.

Es empfiehlt sich, gemeinsam mit den Kindern ein Modellexemplar anzusehen und dabei die Machart zu besprechen (Anordnung von Text und Bildern, verschiedene Kapitel, Bindeart u. a.).

Am einfachsten ist es, Seiten und Deckel zu lochen und mit einer Kordel zusammenzubinden.

Unterrichtsideen — Bücher machen und vorlesen

Stellen alle Kinder zusammen ein Buch her, sollte es – wenn möglich – für jedes Kind kopiert werden. Schwarzweißbilder und -zeichnungen vereinfachen dies und lassen sich zudem individuell farbig gestalten.

Mit Buchstaben gestalten

Die Herstellung eines Buches orientiert sich sowohl an inhaltlichen Zusammenhängen als auch an ästhetischen Überlegungen. Zu den zahlreichen Illustrationsmöglichkeiten gehört auch die Schrift als Gestaltungsmittel. Dieser Arbeitsvorschlag macht die Kinder mit einer ihnen sicher neuen Form der schriftlichen Kommunikation bekannt.

Organisation   Einzelarbeit

Material   Aufgabenblätter, Papier zum Aufkleben, Scheren, Klebstoff

Durchführung   Ein Gesicht mit Buchstaben herzustellen ist nicht ganz einfach, aber auch nicht so schwer. Die Buchstabenseite zum Ausschneiden zahlreicher Varianten lädt zum Ausprobieren ein.
Die gestalterischen Ideen lassen sich weiterentwickeln: So kann man zum Beispiel die Aufgabe stellen, die Figuren „Dick und Doof" ausschließlich über Buchstaben aufzubauen oder aber – etwas einfacher – in einen weit geöffneten Mund, den man mehrere Male auf ein Blatt kopiert, Verschiedenes hineinzuschreiben oder hineinzustempeln – vom einfachen Ausspruch bis hin zum sorgsam geschliffenen Fluch.

Mit Wörtern „malen"

Organisation   Klassengespräch, Einzel- oder Partnerarbeit

Material   Aufgabenblatt, viel Papier, Schreib- und Malutensilien

Durchführung   Das Aufgabenblatt lädt zur kreativen Gestaltung ein. Hierbei geht es entweder um die einfachere Aufgabe, in einer eigenen Baumzeichnung die Begriffe „Stamm, Ast, Zweig, Blatt" so oft wie möglich graphisch unterzubringen, oder um die anspruchsvollere Aufgabe, durch das Schreiben oder Drucken dieser Begriffe in bestimmter Anordnung (ohne Zeichnung) einen Baum entstehen zu lassen. Das erfordert einige Versuche auf Konzeptpapier, und damit wäre man bei den Anfängen der konkreten Poesie.
Statt eines Baumes könnten die Kinder in analoger Weise auch ein Haus aus den entsprechenden Begriffen (Dach, Kamin, Rauch, Fenster, Tür, Weg, Zaun etc.) gestalten.
Vorbereitend für die Gestaltung des Aufgabenblattes kann man mit der Klasse *Ideogramme* thematisieren.
Ideogramme sind Schreibgebilde, bei denen die Bedeutung (Semantik) möglichst unmittelbar in Zeichen (Semiotik) bildhaft ausgedrückt wird. Bei dieser Verbindung von Ausdruck und Bedeutung wird an die Tradition der Bilderschriften angeknüpft. Ein bekanntes Beispiel für ein Ideogramm ist:

TREPPE

Unterrichtsideen Bücher machen und vorlesen

Eine andere Möglichkeit der Vorbereitung, aber auch der Weiterentwicklung in Richtung Buchgestaltung besteht darin, daß man z. B. die Umrisse von Tieren durch graphische Elemente der Schrift ausgestalten läßt. Im Hohlraum des Elefanten z. B. hat sowohl ganz oft das Wort „Elefant" Platz wie auch eine kleine Elefantengeschichte.
Auf diese Weise kann man mit einer Klasse ganz unterschiedliche Buchideen verwirklichen: Tierbuch, Obstbuch, ABC-Buch u. a. m.

Meine Lieblingsbücher

Im Rahmen dieses Unterrichtsvorhabens sollte man den Kindern unbedingt die Möglichkeit geben, eigene Bücher, die sie besonders mögen, in der Klasse vorzustellen. Sie können sie in die Schule mitbringen, über den Inhalt berichten, etwas vorlesen und vielleicht gegenseitig ausleihen.
Die Aufgabenblätter für diesen Arbeitsvorschlag bieten die Möglichkeit, im Rahmen einer gestaltenden Aufgabe Lieblingsbücher vorzustellen.

Organisation   Sitzkreis, Einzelarbeit

Material   Aufgabenblätter, Mal- und Schreibutensilien, Scheren, Klebstoff

Durchführung   Im Sitzkreis betrachten die Kinder zunächst verschiedene Buchrücken (mitgebrachte Bücher). Im Gespräch sollte geklärt werden, was auf dem Buchrücken stehen muß und warum.
Im Anschluß daran beginnen die Kinder mit dem Beschriften, Ausschneiden und Aufkleben der Buchrücken. Die Arbeit kann als Hausaufgabe vervollständigt und beendet werden. Das „gefüllte Bücherregal" ist möglicherweise ein Impuls, mit den Kindern eine öffentliche Bücherei zu besuchen.

Daumenkino

Das Daumenkino ist ein kleines Bilderbuch, in welchem die Figuren durch schnelles Blättern lebendig werden. Die Geschichte wird nicht in Worten erzählt und auch nicht durch Betrachten der Einzelbilder. Damit der lebendige Effekt entsteht, müssen die Einzelbilder klein sein und sehr schnell aufeinander folgen.

Organisation   Sitzkreis, Einzel- oder Partnerarbeit

Material   Aufgabenblatt, Scheren, Farbstifte, Hefter (zum Klammern)

Durchführung   Nachdem die Lehrerin oder der Lehrer den Kindern im Sitzkreis ein Daumenkino gezeigt und die einzelnen Arbeitsschritte erläutert hat, werden die Figuren von jedem Kind nach seiner Vorstellung, jedoch immer in der gleichen Weise (z. B. Mütze: immer rot, Hose: immer mit blauen Streifen usw.) ausgemalt, so daß sie identifiziert werden können. Nun schneiden die Kinder die einzelnen Bilder aus und numerieren sie in der richtigen Reihenfolge. Am Schluß werden die kleinen Bilder in der richtigen Reihenfolge aufeinandergelegt und geklammert. Wichtig ist, daß bei allen Bildern die Ränder übereinstimmen, damit beim Loslassen des Daumens auch alle Bilder einzeln erscheinen und nicht mehrere auf einmal überspringen.

2.6 Ernten und feiern

Ziele

Im Herbst können die Kinder beobachten, daß das Angebot an heimischen Früchten größer ist als zu jeder anderen Zeit. Herbst und Ernte verbinden sich in der Vorstellung umso mehr, wenn sich die Kinder an der Ernte beteiligen können oder beim Bauern oder auf dem Markt einkaufen. Erntedank ist dann die natürliche Antwort auf die vielfältigen Gaben, die die Natur bietet. Er soll bewußt machen, daß der Reichtum der Ernte keine Selbstverständlichkeit ist, daß Pflege während des Wachstums notwendig ist und daß ungleiche Ernten Teilen und Abgeben notwendig machen.

Wenn Erntedank als Fest gefeiert wird, werden den Kindern die Zusammenhänge – auch auf der emotionalen Ebene – bewußter. Der Beginn des zweiten Schuljahres wäre ein angemessener Zeitpunkt für die Durchführung.

Didaktischer Kontext

In Abhängigkeit von konkreten Ernteerfahrungen wird Erntedank in verschiedenen Regionen sehr unterschiedlich gefeiert. Während in Großstädten davon oft kaum etwas wahrzunehmen ist, gibt es ländliche Gegenden, in denen Erntedank über die kirchliche Feier hinaus volksfestähnliche Züge trägt. Das Fest wird mit geringen regionalen Abweichungen am ersten Sonntag im Oktober gefeiert. Es ist nicht identisch mit dem Kirchweihfest. Mancherorts werden Erntedank und Kirchweih auch zusammen gefeiert.

Wie das Wort Erntedank schon sagt, feiert man das Fest zum Dank für die Ernte. Da es sich bei uns um ein christliches Fest handelt, wird Gott gedankt. Mit Gottesdiensten und der Weihe von Feldfrüchten wird der Tag in der evangelischen und katholischen Kirche begangen, wobei sich das Brauchtum regional unterscheidet. Über das kirchliche Brauchtum hinaus wird in manchen ländlichen Gegenden das Erntedankfest auch in der Familie z. B. durch ein Festessen gefeiert, aber auch volksfestartig mit geschmückten Erntewagen in Umzügen von der ganzen Gemeinde oder sogar von mehreren Gemeinden zusammen gestaltet.

Das Erntedankfest ist nur der feierliche Abschluß eines Prozesses, der aus Säen, Wachsen, Pflegen und Ernten besteht und sich über viele vorausgegangene Monate erstreckt hat. Nur wenn den Kindern dies bewußt geworden ist, kann die Bedeutung von Erntedank erfaßt werden. Es hängt auch von der Zusammensetzung der Klasse ab, wie man bei der Behandlung des Themas die Akzente setzt. Kinder aus anderen Kulturkreisen können eventuell den religiösen Aspekt nicht nachvollziehen, der aber den Angehörigen christlicher Konfessionen auch nicht vorenthalten werden darf. Hier ist in jedem Fall ein Vergleich mit dem Brauchtum anderer Kulturen sinnvoll.

✺ Wofür danken wir?
(Zur Einführung geeignet!)

Die Vorstellungen, die sich mit dem Wort „Erntedank" verbinden, sind – entsprechend den kindlichen Erfahrungen – recht unterschiedlich. Dieser Arbeitsvorschlag gibt den Kindern Gelegenheit, ihre Vorstellungen und Erinnerungen zu konkretisieren und ihr Blickfeld in bezug auf die Thematik auszuweiten.

Organisation   Klassengespräch, Partner- bzw. Einzelarbeit

Material   Aufgabenblätter, Schreib- und Malutensilien, Scheren, Klebstoff

Durchführung   Ohne größere Vorbesprechung sollten die Kinder versuchen, ihre Assoziationen zum Wort „Erntedank" auf dem Aufgabenblatt 25 zu notieren, z. B.:

| *Unterrichtsideen* | Ernten und feiern |

Ernte, Essen, Erbsen / Rübe, Roggen, Radieschen / Natur, Nüsse, Nahrung / Trauben, Tomaten, Trinken / Danken, Dinkel, Dreschen / Apfel, Ast, Arbeit / Kürbis, Korb, Kartoffel.

Zwar gibt es einige Wörter, die sich ganz schnell assoziieren, bei manchen Buchstaben hingegen werden die Kinder sich schwer tun. Trotzdem wäre es sinnvoll, zunächst in Einzel- oder Partnerarbeit vorzugehen, damit auch subjektive Vorstellungen sichtbar werden. Die Kinder lesen dann ihre Einfälle vor und kommentieren sie. An der Tafel werden – wie auf dem Aufgabenblatt – nun die einzelnen Wörter angeschrieben, und die Kinder können ergänzen.

Zum Zeitpunkt des Erntedankfestes haben viele Kinder bereits vergessen, was im Laufe der vergangenen Monate schon geerntet wurde. Das Aufgabenblatt 26 erinnert daran und weist darauf hin, daß einige der bei uns angebotenen Obst- und Gemüsesorten nur in anderen Teilen der Erde wachsen.

Ernten – verarbeiten – anbieten

Fast in jeder Stadt gibt es einen Wochenmarkt, auf dem Bauern der Umgebung ihre Produkte anbieten. Auf dem Land hat die Zahl der selbstvermarktenden Bauern, die an einem oder zwei Halbtagen der Woche ihre Produkte auf dem Bauernhof verkaufen, zugenommen. Hier ist der direkte Kontakt zwischen Erzeuger und Verbraucher gegeben. In ländlichen Gegenden mit Obstanbau haben auch viele der Obstbauern eigene Mostpressen, wo man die Herstellung von frischem Apfel- oder Traubensaft beobachten kann. Verarbeiten und Lagern gehören zur Vorratshaltung, welche einen wichtigen Abschnitt in der Ernährungskette darstellt.

Organisation   Unterrichtsgang

Material   Notizblöcke, Bleistifte, eventuell Fotoapparat

Durchführung   Der Unterrichtsgang wird je nach Ziel entsprechend vorbereitet. Auf dem Markt wird es wenig Gelegenheit zum Gespräch mit den Bauern geben. Angebot und Preise werden notiert, mehrere Stände fotografiert.

Besucht man einen Bauern auf seinem Hof, können Fragen zum Produktionsvorgang, zur Verarbeitung und Lagerung vorbereitet werden. Möglicherweise kann man auch gleich einkaufen (Klassenkasse) und hat somit schon einige Zutaten für ein gutes „Herbst-Rezept" (Gemüsesuppe, Obstsalat, Apfelkuchen). Fotos können später vergrößert, im Klassenzimmer aufgehängt und mit Kärtchen beschriftet werden.

Der Vorgang des Mostpressens kann mit den Kindern in der Schule nachvollzogen werden. Die Äpfel werden durch einen Fleischwolf gedreht und die entstandene Masse in einem Sieb oder mit einem Tuch ausgedrückt. Aus den Informationen des Unterrichtsganges können sich verschiedene Folgeaufgaben ergeben, welche die besonderen Interessen und Möglichkeiten der Klasse berücksichtigen.

Erntebild aus Früchten

Für ein Erntebild aus Früchten können Getreide, Obst und Gemüse die Ausgangsmaterialien sein. Im Bildmotiv kann die Verbindung von Ernte und Dankbarkeit zum Ausdruck kommen. Geeignet sind verschiedene Motive, je nach Region und Brauchtum: gefüllter Früchtekorb, Erntewagen (Sonnenblumen als Räder), geometrisch in passenden Farben angelegtes Ornament bis hin zum eindeutig religiös ausgerichteten Motiv.

Unterrichtsideen	Ernten und feiern

Organisation	Klassenarbeit
Material	Unterlage (Holzplatte, Tablett, Tisch), Früchte verschiedener Art, eventuell Schaumgummimatte
Durchführung	Die Herstellung des Bildes bedarf einer gründlichen Vorbeitung. Nachdem der Lehrer/die Lehrerin die Aufgabenstellung mitgeteilt hat, werden Ideen zum Motiv gesammelt, besprochen und eine Entscheidung gefällt. In eine Tafelskizze kann man die Namen der zu verwendenden Früchte eintragen. Alle Kinder bringen Zutaten mit; manche Früchte muß man vielleicht dazukaufen. Wenn man eine Schaumgummimatte hat, wird diese zuerst auf die Unterlage gelegt, damit die Früchte nicht hin und her rollen. Denkbar wären auch eine dünne Sandschicht oder Stroh als Unterlage. Nach der Tafelskizze wird das Bild mit den Früchten gelegt und anschließend fotografiert. Inwieweit das gemeinsam gestaltete Erntewerk zum Mittelpunkt einer Erntedankfeier mit Gedichten und Liedern werden kann, muß im Einzelfall entschieden werden, ebenso die Frage, ob andere Klassen sich daran beteiligen sollen. Schon bei der Planung des Erntebildes können Folgearbeiten ins Auge gefaßt werden. Damit die Früchte nicht verderben, wird auch ihre Verwertung gleich mit eingeplant. Obstsalat und Gemüsesuppe, die die Kinder im Laufe des ersten und zweiten Schuljahres ohnehin zubereiten, und das Backen von Apfelkuchen sind im Rahmen des Themas sinnvolle und bei den Kindern willkommene Arbeiten. Gemeinsam essen und teilen sind Erfahrungen, welche helfen die Klassengemeinschaft zu vertiefen. Das Thema läßt sich bei größerem Interesse der Kinder auch in Richtung Ernährung und Gesundheit weiterentwickeln.

✸ Die Ernte teilen

Nicht immer muß man Erntedank als Fest begehen. Es gibt unterschiedliche Möglichkeiten, in der Schule eine Atmosphäre zu schaffen, die immer wieder an Erntedank erinnert. Man kann die Idee von Erntedank auch über eine längere Zeitspanne hinweg verfolgen. Dazu kann das Ausschmücken des Klassenzimmers durch Bilder mit entsprechenden Motiven ebenso gehören wie das Aufhängen von bunten Früchten, die auf Karton aufgemalt und ausgeschnitten wurden.

Am konkretesten erfahrbar wird die besondere Atmosphäre in dieser Zeit jedoch durch das Aufstellen von Obstkörben oder -schalen auf den Tischen. Die Kinder bringen ausreichend Früchte mit, die für einige Tage halten und in den Pausen gegessen werden. Tauschen und Abgeben gehören auch hier zu den Interaktionen, die innerhalb der Gruppe oder der ganzen Klasse angestrebt werden.

Organisation	Gesprächskreis, Gruppengespräch, Partnergespräch
Material	Körbe, Schalen, Früchte
Durchführung	Im Gesprächskreis überlegen die Kinder zunächst, auf welche Art sie die Obstkörbe gestalten, ob sie Gruppen bilden oder in Partnerarbeit vorgehen wollen. Maßgeblich ist hier die Sitzordnung. Auch werden geeignete Obstsorten festgelegt. Am sinnvollsten ist es, sich auf einheimische Früchte zu beschränken, um den Kindern bewußtzumachen, welche Früchte bei uns geerntet werden. Die Kinder in der Gruppe bzw. die Partner stimmen sich anschließend ab, wer was mitbringt und wie es im Laufe der Vormittage verteilt wird. Wichtig ist, daß immer einige Früchte in den Schalen sind. Natürlich kann auch mit anderen Gruppen getauscht werden.

Unterrichtsideen	Ernten und feiern

✳ Wir machen Popcorn

Mais wird bei uns fast nur als Tierfutter verwendet. Vielen Kindern ist nicht bekannt, daß es in manchen Ländern der Erde (Mittel- und Südamerika) zu den wichtigsten Nahrungsmitteln gehört. Die meisten Kinder essen gerne Popcorn, wissen jedoch nicht, daß es aus Mais gemacht wird und wie einfach man es selbst herstellen kann. Darüber hinaus kann man die Erfahrung machen, daß man selbsthergestelltes Popcorn nach eigenem Geschmack süßen oder würzen kann.

Organisation Klassenverband

Material großer Kochtopf mit Deckel (möglichst Jenaer Glas), Kochplatte, getrocknete Maiskörner, Butter, Zucker (Salz, andere Gewürze)

Durchführung Die Butter wird im Kopftopf erhitzt, dann gibt man eine dünne Schicht Mais ins heiße Fett und legt den Deckel auf. Bei einem Glastopf kann man nun beobachten, wie der Mais im Kochtopf herumspringt und sich in Popcorn verwandelt. Das fertige Popcorn wird auf Teller geschüttet und kann nun je nach Geschmack gesüßt, gesalzen oder gewürzt werden.
Da die Zubereitung des Popcorns nur wenige einfache Arbeitsschritte erfordert, kann man mit den Kindern einen entsprechenden Rezepttext und die Merkmale dieser Textsorte erarbeiten. Die endgültige Fassung können die Kinder auf das Aufgabenblatt schreiben.

2.7 Handeln und bewegen im Raum

Ziele

Kinder bringen vielerlei Raumerfahrungen mit, die sowohl positiv als auch negativ besetzt sein können. In planmäßig durchgeführten Raumaktionen erweitern sie diese Erfahrungen, indem bewußt alle Sinne eingesetzt werden. Die Gestaltung, Veränderung und Umwandlung von Räumen mit Hilfe von Gegenständen und Materialien dienen ebenso dem Erwerb von grundlegenden Erfahrungen wie die Wahrnehmung des eigenen Körpers und die Beobachtung von Objekten, mit denen spielerisch umgegangen wird. Spontaneität und Kreativität sollen ermöglicht und provoziert werden. Der größte Teil der folgenden Anregungen ist für das zweite Schuljahr gedacht.

Didaktischer Kontext

Raum und Räumlichkeit gehören zur Welt des Menschen wie Hören und Sehen, Atmen und Sprechen. Nur aufgrund dieser Zugehörigkeit, die vielfältige Wahrnehmungen und Entdeckungen einschließt, können Menschen sich „einräumen". Kindern gelingt das am leichtesten im Spiel. Hier erleben sie ihre Bewegungshandlungen auf ganzheitliche Weise, was auch die Beteiligung ihres Körpers als Ganzheit einschließt. Die Vielfalt an Möglichkeiten, Räume zu durchmessen, mit verschiedenen Körperteilen z. B. einen Ball durch einen Raum zu bewegen, mit ihm zusammenzustoßen, ihm zu begegnen oder ihm auszuweichen, ohne durch Bewegungsnormen sonderlich eingeschränkt zu werden, sichert ein variationsreiches und individuelles motorisches Handlungsinventar.

Für das kognitive, emotionale und soziale Verständnis räumlicher Beziehungen sind grundlegende und aspektreiche Aktivitäten in unterschiedlichen Raumzusammenhängen heute wichtiger als früher. Nur vordergründig nämlich bieten die veränderten Sozialisationsbedingungen den Kindern mehr Freiräume, etwa bezüglich Mobilität und Reisen, realiter werden die „Freiräume" in bezug auf das eigene Erkunden und Entdecken immer geringer und gewährleisten nicht die Herausbildung des Verständnisses für Nähe und Distanz, weder im räumlichen noch im kommunikativen Sinn. Notwendig sind daher unterschiedliche Erfahrungen in der Wahrnehmung von Räumen: mit Gegenständen und in verschiedenen sozialen Rollen und Interaktionszusammenhängen. Im Rahmen situations- und problemorientierter Handlungsfelder lernen Kinder am besten, sachgerecht und erlebnisbetont mit den Bedingungen der Umwelt umzugehen und sie sinnvoll zu gestalten. Es gibt interessante reale und surreale Möglichkeiten der sinnenhaften Wahrnehmung im Raum, sei es durch Bewegung, durch Hören, Sehen, Riechen in Räumen, aber auch in Zusammenhängen des Umräumens, des Wegräumens, d. h. des Veränderns von Welt.

Zu dem Aspekt „Räume, die Angst machen" gibt es keine Aufgabe. Die Kinder sollten jedoch die Gelegenheit erhalten, über ihre individuellen Erfahrungen auf Dachböden, in Kellern und Treppenhäusern, im Wald, ... zu berichten.

Um vielfältige Möglichkeiten dafür aufzeigen zu können, wie Kinder Raum und Räumlichkeit mit ihren Sinnen wahrnehmen können, erscheint es angemessen, von ganz unterschiedlichen Aktivitäten auszugehen. Die Arbeitsvorschläge zu diesem Thema sind nach folgenden Gesichtspunkten gegliedert:

- *Bewegen im Raum*
- *Hören im Raum*
- *Sehen im Raum*
- *Riechen im Raum*
- *Gestalten von Raum*
- *Reflektieren von Raumaktionen*

| Unterrichtsideen | Handeln und bewegen im Raum |

✻ Lokführer

Schwerpunkt dieses Spiels ist die Bewegung und ihre Wahrnehmung in unterschiedlichen Räumen (vgl. Die Grundschulzeitschrift 64/1993, S. 56).

Organisation Spiele mit Gruppen, Klassenraum, Turnhalle, Schulhof

Material Kassettenrecorder, Melodie des Liedes „Auf der schwäb'sche Eisebahne" oder „Der Schaffner hebt den Stab"

Durchführung Ein Kind ist Lokführer und sammelt hinter sich eine Reihe von Mitspielern als „Waggons". Diese sind „blind", nur der Lokführer hat die Augen geöffnet. Nach einer passenden, nicht zu schnellen Melodie führt er seinen Zug durch den Raum. Wenn die Musik aufhört, stoppt auch die Lok. Der letzte „Anhänger" tastet sich nun vorsichtig an den „Vorderwaggons" entlang nach vorne, ohne zu sprechen, stellt sich vor den Lokführer und öffnet die Augen, während dieser – jetzt selbst ein „Anhänger" – seine Augen schließt. Die Musik beginnt wieder ... Wenn alle „Anhänger" einmal Lokführer waren, endet das Spiel.
Je größer der Raum, desto mehr Züge können zur gleichen Zeit unterwegs sein, selbstverständlich ohne sich zu berühren oder zu beeinträchtigen.
Ein Vergleich verschiedener Aktionsräume bietet sich hier an: Im Klassengespräch berichten die Kinder über ihre jeweiligen Erfahrungen.

Variation Als Vorübung eignet sich das „Blindenführen" (paarweise), wobei das eine Kind die Augen schließt, während das andere es behutsam durch den Raum führt und einige Gegenstände ertasten läßt. Dabei müssen unbedingt die Rollen einmal getauscht werden. Hinterher sollten sich die Partner sagen, wie wohl bzw. unwohl sie sich bei der Führung gefühlt haben.

✻ Spiele mit Luftballons

Hier steht ein anderer Aspekt der Bewegung im Mittelpunkt. Variationsreich und witzig fördert und verbindet das Spiel Konzentration und Bewegung im Raum. Die Regeln können dabei mit den Kindern abgesprochen werden: zunächst einfache Regeln, bei Bedarf immer kompliziertere (vgl. Die Grundschulzeitschrift 66/1993, S. 55).

Organisation Gesamtgruppe, Turnhalle, Klassenzimmer

Material Luftballons (pro Kind ein Ballon), Luftpumpe zum Aufpumpen

Durchführung *Spielregel 1:* Jedes Kind bewegt sich mit seinem Ballon durch den Raum, wobei der Ballon durch leichtes Anstupsen in der Luft gehalten wird. Fällt der Ballon zu Boden oder stoßen zwei Kinder aneinander, so müssen sie sich hinsetzen.
Spielregel 2: Ein Kind steht in der Mitte des Stuhlkreises und hält einen Ballon durch kleine Stöße in der Luft. Nach dem dritten Stoß ruft es einen Namen aus der Gruppe. Schnell springt das genannte Kind hin und bewahrt den Ballon vor dem Absturz. Dreimal darf es stupsen, dann muß es einen neuen Namen rufen. Wenn der Ballon zwischendurch den Boden berührt, ist ein anderes Kind an der Reihe.
Spielregel 3: Das gleiche Spiel wird mit Sprache verknüpft. Petra ruft: „*Hosen-*" ... Markus ergänzt: „*Träger*".
Spielregel 4: Zwei Ballons werden im Kreis vergeben, z. B. an Elke und René, die sich gegenüber sitzen. Auf ein Zeichen von Petra werden die Ballons im Uhrzeigersinn von Kind zu Kind durch leichtes Stoßen in Bewegung gesetzt. Kein Kind darf übersprungen werden. Fällt ein Ballon herunter, muß mit ihm wieder von vorn

begonnen werden, während der andere Ballon weitergegeben wird. Welcher Ballon kommt zuerst wieder bei Elke und René an?

Die Kinder können die Regeln immer strenger gestalten: Nicht aufstehen dabei! Nur einmal anstupsen erlaubt! usw.

Bewegungslandschaft

Hierbei geht es um das gemeinsame Gestalten eines Raumes zu einem Bewegungsparcours.

Durch unmittelbares Ausprobieren lassen sich einerseits die Möglichkeiten der Geräte erkunden: Was sich alles damit machen läßt, wie man sie einsetzen kann – auch in Kombination miteinander –, wo ihre Grenzen liegen und Gefahren beginnen. Andererseits lernen die Kinder sich und ihren eigenen Körper kennen, entdecken, wozu er fähig ist und wozu (zunächst einmal) nicht.

Organisation Gesamtgruppe oder zwei Teilgruppen, Turnhalle

Material große Geräte nach Wahl, Matten, Bänke, Medizinbälle, Seile, Sprossenwand, Kegel usw.

Durchführung In Verbindung mit dem Sportunterricht ermuntert man die Kinder zum Aufbau einer oder mehrerer „Landschaften" aus Sportgeräten. Welche Geräte man einsetzt und kombiniert, ist vom Alter der Kinder abhängig.

In der Bewegungslandschaft können und sollen alle ungefährlichen Bewegungen ausprobiert werden, also z. B.: springen, hüpfen, kriechen, schleichen, balancieren, klettern, sich entlangziehen, rollen, wälzen, schaukeln, Slalom laufen etc.

Hier einige gezielte Übungen:
- *Reifen:* Zu zweit transportieren die Kinder einen Reifen von einem Ende des Raums zum anderen. Der Reifen darf nicht mit den Händen berührt werden; er darf nicht den Boden berühren.
- *Seil:* Ein Kind läßt ein Seil zirkulieren. Zwei bis drei Kinder überspringen es in selbstgewählter Höhe.
- *Ball:* Die Kinder sollen einen Gymnastik- oder Volleyball zu zweit durch den Raum transportieren, ohne ihn mit Armen oder Beinen zu berühren, z. B. Rücken an Rücken.
- Die Kinder treiben jeweils einen Medizinball voran (z. B. auf allen Vieren, mit dem Kopf, mit der Schulter, evtl. auch über kleine Hindernisse: Bank, Matte, Sprungbrett).

Variationen Zu einem anderen Zeitpunkt kann die Landschaft z. B. als Indianerlandschaft im Freien aufgebaut werden. Hier lassen sich spezielle Regeln vereinbaren, wie z. B. absolute Lautlosigkeit in der Bewegung, Zeichensprache u.a.m.

Alle Kinder verwandeln sich in „Tiere" (Affen, Katzen, Elefanten usw.) und bewegen sich (evtl. mit Handschuhen) in einer Tierlandschaft.

In diesem Zusammenhang lohnt es, Lieblingsspiele der Kinder zu sammeln und sie gelegentlich in die Tat umzusetzen (möglichst in verschiedenen Räumen).

Papierflieger

Ein Papierflieger ist für Kinder immer ein begehrtes Objekt im Raum, besonders wenn er gut fliegt und leicht herzustellen ist.

Organisation Einzelarbeit, Gruppengespräch

Material	Bastelanleitung, Papier im DIN-A 4-Format, Klebstoff
Durchführung	Die Kinder können die Bastelanleitung verwenden oder sich nach den Anweisungen von „Spezialisten" richten. Zu beachten ist, daß das verwendete Papier Einfluß auf die Flugeigenschaften hat. Deshalb kommt man manchmal nicht um das „Trimmen" herum, wie es in der Fachsprache heißt. Damit ist das Ausbalancieren eines Flugkörpers gemeint. Auch Faltflieger, die noch so genau gefaltet sind, fliegen sehr unterschiedlich. Geht ein Modell beim ersten Wurf direkt Richtung Boden, ist es kopflastig. Es hilft, den Schwanz zu belasten, z. B. einen Papierstreifen einzukleben. Ebenso sollte man das Werfen ausprobieren. Manche Papierflieger vertragen mehr Schub, andere weniger. Auch andere Bauanleitungen, mit denen einzelne Kinder vertraut sind, sollten vorgeführt und ausprobiert werden.

Klangstraße

Der Hauptakzent liegt hier auf Experimenten mit der Erzeugung und Wahrnehmung von Klängen und Geräuschen im Raum mit ganz unterschiedlichen Materialien.

Organisation	Gruppen- oder Klassenarbeit
Material	Wäscheleine, Schnur, allerlei Gegenstände, die sich möglichst gut aufhängen lassen und die beim Berühren ganz unterschiedliche Geräusche von sich geben, z. B. alte Topfdeckel, Tassen, Löffel, Gläser, verschieden dicke Stöcke, Holzkegel, Holzbretter, Keramikbretter, verschieden große Flaschen, Silberpapier, aber auch Steine u.a.m.
Durchführung	Die Kinder bauen die Klangstraße im Freien oder im Klassenzimmer, vielleicht auch in der Turnhalle auf, wo sie sich gut mit körperlichen Aktionen aus der Bewegungslandschaft verbinden läßt. Schon beim Aufbau werden Klang- und Geräuschmöglichkeiten erkundet. Ist die Klangstraße fertig, sollte jedes Kind Gelegenheit haben, die Straße entlangzugehen und sie zu testen. Im Sitzkreis findet ein erstes Gespräch zur Auswertung statt. Auffälligkeiten und Besonderheiten von Materialien und Klängen werden von den Kindern herausgestellt und nochmals demonstriert. Dabei achten alle Kinder auf die sprachliche Seite in der Beschreibung von Klängen: Wie klingt etwas? (dumpf, hell, schrill, matt, satt, zart …). Alle Kinder setzen sich nun so hin, daß sie die Klangstraße nicht sehen können. Ein Kind klopft mit dem Zeigestock an einen Gegenstand. Wer den richtigen Gegenstand durch exaktes Hinhören errät, darf selbst klopfen.
Variationen	Das Spiel kann dadurch erschwert werden, daß zwei oder drei Gegenstände nacheinander (z. B. Flasche, Holzbrett, Tasse) berührt werden. Nur wer alle Gegenstände in der richtigen Reihenfolge errät, gewinnt die Klangrunde. Eine weitere Erschwernis könnte darin liegen, daß es nicht genügt, die Gegenstände einfach zu nennen, sondern deren Folge auch sprachlich „auf die Reihe zu bringen", also z. B.: *„Der erste Gegenstand war die kleine Flasche, weil es so gläsern und hell geklungen hat; der zweite Gegenstand war das dicke Holzbrett. Das konnte man an dem hölzernen Ton hören; der dritte Gegenstand müßte die Tasse gewesen sein, weil es deutlich nach Porzellan geklungen hat."*

Unterrichtsideen Handeln und bewegen im Raum

✸ Wo hört man die Stecknadel fallen?

Wenn es darum geht, Räume sinnenhaft zu erleben, ist das gemeinsame „Hören auf etwas" eine ausgezeichnete Möglichkeit, Kinder für Geräuschzusammenhänge zu sensibilisieren. Auch hier sollte ein besonderes Gewicht auf der sprachlichen Klärung der Situation liegen.

Organisation — Klassenarbeit, Unterrichtsgang in eine Höhle oder in einen besonders hohen Raum

Material — Gegenstände, die man fallen lassen kann

Durchführung — In Abhängigkeit von den örtlichen Gegebenheiten lassen sich kleine Klangexperimente in unterschiedlichen Räumen vornehmen, z. B. im Klassenraum, in einem leeren Zimmer, unter einer Wolldecke, auf dem Schulhof, in der Turnhalle, in anderen sehr hohen Räumen.
Die leitende Frage ist:
Kann es sein, daß wir das Fallen einer Stecknadel, eines Nagels, eines Radiergummis im Klassenzimmer nicht oder kaum hören, vielleicht aber in einer Höhle, in einem Museum, in einer Kirche?
Nach entsprechenden Experimenten werden die Ergebnisse erörtert und dabei die veränderten räumlichen Bedingungen bedacht.

✸ Hör-Spiele

Organisation — Klassenarbeit

Material — feste Leine und großes Tuch zum Abschirmen eines Klassenzimmerteiles, verschiedene Gegenstände: Tennisball, Tischtennisball, Papier, Schlüssel, Sicherheitsnadel, Watte, Schwamm, Joghurtbecher u.a.m., eventuell verschiedene Unterlagen

Durchführung — Ein Kind tritt hinter den Vorhang und wählt wortlos einen Gegenstand aus. Ohne daß der Rest der Klasse beobachten kann, um was es sich handelt, wird z. B. der Tischtennisball einmal oder mehrmals fallen gelassen. Alle Kinder sind ausschließlich auf ihr Gehör angewiesen und deshalb absolut still und konzentriert. Dies gilt um so mehr, falls die Auswahl der Gegenstände vorher nicht bekanntgegeben wird.
Die anderen Kinder achten genau auf das erzeugte Geräusch und versuchen, den Gegenstand zu erraten. Die Lehrerin oder der Lehrer notiert die angebotenen Lösungen an der Tafel und unterstreicht die richtige. Wer richtig geraten hat, darf als nächster hinter den Vorhang kommen.

Variationen — Zusätzliche Geräusche, z. B. Schnalzen mit der Zunge, Schnipsen mit dem Finger u.a.m. werden ebenfalls spielerisch erhorcht.
Abschließend kann man das Hören geflüsterter Namen von Mitschülern üben.

✸ Zitterbilder

Bewegung kann zur Veränderung von Formen, Figuren und Gegenständen führen. Für die visuelle Wahrnehmung solcher Vorgänge lassen sich kleine Untersuchungen und Experimente mit den Kindern durchführen.
Als Auftakt und zur Einführung ist der folgende Vers von Fredrik Vahle gedacht, der zunächst selbst für Kinder im zweiten Schuljahr noch wie ein Rätsel wirkt und keineswegs sofort erschlossen wird:

Unterrichtsideen Handeln und bewegen im Raum

> Du
> wirst vor mir erzittern!
> sagte zum Mond
> die Maus
> und spuckte
> ins Wasser.
>
> *Fredrik Vahle*

Organisation	Kleingruppenarbeit
Material	Text, weite Schüssel mit Wasser
Durchführung	Jede Gruppe erhält den Text mit dem Hinweis, sich gemeinsam die Aussage der Maus durchzulesen und darüber zu beraten, worin des Rätsels Lösung liegen könnte.
	Die Kinder lesen und besprechen den Text. Die Gruppen tragen anschließend ihre Lösung vor. Als Hilfestellung kann man – im Sinne des entdeckenden Lernens – der Klasse eine große Schüssel mit Wasser zur Verfügung stellen.
Variationen	An einem möglichst windstillen Tag wird ein Unterrichtsgang zu einem nahe gelegenen Gewässer gemacht. Hier kann der Zusammenhang zwischen Spiegelbild im Wasser und seiner Erschütterung durch das Hineinwerfen von Steinen näher beobachtet werden. Man kann Pflanzen, Sträucher, Bäume und selbst die Sonne „erzittern" lassen. Dies gelingt natürlich auch an großen Pfützen.
	Im Klassenzimmer kann man Wasserschüsseln als „Spiegel" für die Gesichter der Kinder und für Gegenstände im Raum (Kartenständer, Fensterkreuz, Schrank usw.) verwenden. Auch das Gesicht der Lehrerin oder des Lehrers kann „erzittern"!

Wasser – Erde – Luft

Bei diesem Arbeitsvorschlag geht es um die Anwendung der Ordnungskategorien Wasser, Erde und Luft als verschiedene Bewegungsräume.

Organisation	Einzel- und Partnerarbeit, Klassengespräch
Material	Aufgabenblätter, Farbstifte, Scheren, Klebstoff
Durchführung	Die Kinder erhalten die Aufgabenblätter und können zunächst alle Fahrzeuge farbig gestalten und ausschneiden.
	Die anschließende Zuordnung der Fahrzeuge sollten die Kinder vor dem Aufkleben mit einem Partner besprechen.
	Die Überprüfung und der Vergleich der Ergebnisse finden im Klassengespräch statt.

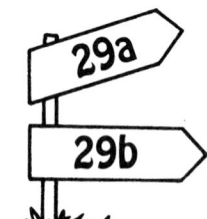

Unterrichtsideen Handeln und bewegen im Raum

※ „Der Ball"

> **Der Ball**
>
> Ist der Ball guter Laune,
> dann springt er
> und springt
> und springt
> und springt
> und springt
> und springt
> und nichts kann ihn halten.
>
> *Ludwik J. Kern*

Dieser Vers kann der Erprobung der Wahrnehmungsfähigkeit im Sehen und Hören dienen. Ein Ball, der auf den Boden fällt, springt mehrfach, doch immer weniger hoch. Dabei erzeugt er klatschende Geräusche in abnehmender Lautstärke, aber zunehmendem Tempo. Wenn Kinder diese Gesetzmäßigkeit durch eigene Versuche herausgefunden haben, können sie die visuelle Dimension auf das Aufgabenblatt übertragen (abnehmende Höhe, kürzere Abstände).

Organisation	Klassenverband und Einzelarbeit
Material	gut springender Ball, Aufgabenblatt
Durchführung	Der Lehrer oder die Lehrerin läßt einen Ball etwa aus Kopfhöhe senkrecht auf den Boden fallen. Die Kinder sollen den Bewegungsvorgang verfolgen, mit der Hand zeigen und möglichst präzise beschreiben. Gegebenenfalls muß das Experiment während der Erarbeitung mehrfach wiederholt und der Ball auch schräg geworfen und beobachtet werden.

In einem zweiten Durchgang achten die Kinder auf das Geräusch, das der aufspringende Ball verursacht (mit geschlossenen Augen). Die Kinder versuchen, das Geräusch durch Klatschen nachzuahmen, zunächst ohne den Ball, anschließend den springenden Ball im Geräusch begleitend.

Daraufhin versuchen einige Kinder, diesen Bewegungsablauf als eine immer kleiner werdende Wellenbewegung an der Tafel festzuhalten.

Nun liest der Lehrer oder die Lehrerin das Gedicht vor (Tafel). Die Kinder vergleichen. Anschließend übertragen sie die Skizze auf das Aufgabenblatt und schreiben das Gedicht dazu.

Zusätzlich können die Kinder überlegen, ob der Schluß des Verses stimmt.

※ **Lebensräume und ihre Gerüche**

Die Wahrnehmung von Räumen vollzieht sich über alle Sinne. Das Riechen gehört unbedingt dazu. Manche Räume sind ohne ihre spezifischen Gerüche gar nicht vorstellbar, so z. B. Keller, Höhlen, Kirchen, Schulen usw.

Organisation	Klassengespräch, Einzelarbeit
Material	Aufgabenblätter, Schreib- und Malutensilien, Illustrierte, Scheren und Klebstoff

Unterrichtsideen Handeln und bewegen im Raum

Durchführung

Bei Aufgabenblatt 31 geht es darum, unterschiedlichen, aber deutlichen Gerüchen nachzuspüren, wie sie im Haus (besonders in der Küche) anzutreffen sind. Diese sollen mit Gerüchen der Stadt und des Waldes verglichen werden, auch was ihre Vielfalt angeht. Das Erkunden häuslicher Gerüche eignet sich sehr gut als Hausaufgabe, während die weiteren Aufgaben eher an Unterrichtsgänge gebunden werden sollten.

Das Aufgabenblatt 32 dient der Vergegenwärtigung von Gerüchen, die persönlich als angenehm empfunden werden, und von Sachen, die man „nicht riechen" kann (Doppeldeutigkeit der Redewendung beachten!). Die Kinder können selbst malen oder eine Collage anfertigen.

Räume gestalten

Ausgangspunkt für diesen thematischen Aspekt könnte folgende Überlegung von Lutz Rathenow sein:

> Man sollte vielleicht alle Berge, Flüsse und Seen ab und zu versetzen. Überhaupt alle besonderen Landschaften. So lernt jeder die Schönheiten der Welt kennen, ob er viel Geld hat oder nicht.
> *Lutz Rathenow*

Organisation   Klassengespräch, Gemeinschafts- oder Gruppenarbeit

Material   verschiedene Materialien zur (Um-)Gestaltung von Räumen

Durchführung

Mit dem Anschreiben des ersten Satzes an die Tafel (ohne die beiden anderen) kann eine Runde des Überlegens eingeleitet werden:
Was spricht dafür, was spricht dagegen?
Man kann an der Tafel die Argumente festhalten, um am Ende das Überlegen durch einen Spaß zu beenden, den die Kinder zu erklären haben:

> **Die Ameise**
>
> „Berge versetzen gehört zu meiner Ausbildung", sagte die Ameise.
> *Irmela Wendt*

Die weiterführenden Überlegungen, welche Veränderungen man bei der Gestaltung von Räumen vornehmen kann und welche lieber nicht, kann zu ganz konkreten Projekten führen. Hier wäre an erster Stelle die Gestaltung und Umgestaltung des Klassenzimmers zu nennen. Dies ist jedoch ein so wichtiges und komplexes Projekt mit so vielen Faktoren, daß hier nur die Idee ins Spiel gebracht werden kann.
In jedem Fall kann man mit den Kindern beginnen, die Wirkung verschiedener Räume zu erproben, die sie selbst aufbauen (vgl. hierzu auch die Ausführungen zur Bewegungslandschaft). Dazu geeignet sind z. B. verschiedene Zelte (Iglu-Form, Haus-Form, Indianer-Spitz-Zelt), die in einigen Haushalten zu finden sind und in Absprache mit den Eltern sicherlich entliehen werden können.

| Unterrichtsideen | Handeln und bewegen im Raum |

✸ Irrgärten

Zum Thema „Raumaktionen" gehören auch Überlegungen zu Wegen und Irrwegen, zur Überschaubarkeit von Räumen und Gebäuden. Kinder wissen, wie leicht es ist, sich zu verirren.

Organisation   Klassengespräch, Einzelarbeit

Material   Aufgabenblatt

Durchführung   Die Lehrerin oder der Lehrer schreibt an die Tafel

> Ich habe mich verirrt …

Die Kinder werden nun von eigenen Erfahrungen berichten und so das Problem der Orientierung in fremder Umgebung thematisieren. In diesem Zusammenhang sollten Orientierungshilfen in Gebäuden und in der Natur genannt werden.
Das Aufgabenblatt regt dazu an, ein eigenes Labyrinth zu entwerfen. Die Möglichkeiten, dieses Thema zu vertiefen, sind zahlreich, z. B.

- ein Labyrinth in einem Karton oder aus Ton herstellen,
- Wegebeschreibungen formulieren und auf ihre Eignung hin überprüfen,
- erste Übungen zum Umgang mit Karten und Plänen (Schatzsuche!),
- Vergleiche zwischen Stadtplan und realer Straße.

✸ Raumaktionen reflektieren

Zwerg

Es war einmal ein Zwerg,
der saß auf einem Berg,
der stand in einem Land,
das Land ist unbekannt.
Es liegt auf einem Stern,
der Stern ist klein und fern.
Es schwebt ganz weit im Raum,
so weit kann keiner schaun.

Das war so seltsam schön,
und ich, ich hab's gesehn!
Und zwar vergang'ne Nacht,
bevor ich aufgewacht …

Erwin Moser

Zum Text   Raum ist in der kleinsten Hütte. Aber auch ein Land, eine Gegend, ein Platz lassen sich als Raum begreifen. In Erwin Mosers Gedicht ist von einem unbekannten Land die Rede, auf einem kleinen Stern, so fern gelegen, daß eigentlich keiner so weit schauen kann. Es handelt sich hier – im Gegensatz zu üblichen, konkreten Raumerfahrungen – um eine phantastische Erfahrung von Raum. Den Zugang zu diesem seltsam schönen Land liefert hier der Traum, von dem nicht direkt gesprochen wird. Auch im Traum ist Raum!

Organisation   Sitzkreis

Material	Gedichttext, Aufgabenblatt, Farbstifte
Durchführung	Bereits bei der ersten Begegnung mit dem Text sollen die Kinder diesen als Rätsel erkennen und raten, welches Land gemeint sein könnte. Falls der Lehrer/die Lehrerin dieses Thema bereits im ersten Schuljahr durchführen möchte, sollte er/sie den Text selbst vorlesen. Ende des ersten oder Anfang des zweiten Schuljahrs wäre es sinnvoll, das Gedicht an die Tafel zu schreiben. Die Kinder sollen zunächst nur mit den ersten zehn Zeilen konfrontiert werden. Wenn sie das Rätsel gelöst haben, werden die letzten beiden Zeilen vorgelesen oder angeschrieben und von den Kindern erklärt. Die Kinder sollten unbedingt Textstellen benennen, die auf einen Traum hinweisen. So lernen sie allmählich, auf solche Textstellen zu achten, die Aufschluß geben und als Belege für Deutungen dienen können. Bei entsprechendem Interesse können alle oder einzelne Kinder das Gedicht auswendig lernen. Auch kann sich jedes Kind in seine eigene Traumlandschaft versetzen und sie zu malen versuchen.

Entdeckungsreise

Ein weiteres Materialangebot für Kinder, die an Raumaktionen besonderen Spaß haben, ist mit folgendem Text gegeben:

> **Streng geheime Bekanntmachung**
>
> Hiermit geben wir bekannt:
> Überall in unserm Land
> gibt es soviel zu erspähen,
> gibt es soviel noch zu sehen,
> gibt es soviel zu ergründen,
> gibt es soviel noch zu finden,
> ist so vieles noch versteckt,
> ist soviel noch nicht entdeckt
> und soviel noch nicht bekannt.
> Wer nichts sieht,
> das ist bekannt,
> weiß auch nichts
> und lebt riskant!
>
> *Rolf Krenzer*

Organisation	Klassengespräch, Partner- oder Kleingruppenarbeit
Durchführung	Mit diesem Text lassen sich verschiedene Aufgaben verbinden: Nach dem stillen Lesen und/oder dem Vorlesen des Textes müßte man in einer ersten Runde auf das Paradox zu sprechen kommen, daß es eine geheime Bekanntmachung nicht geben kann. Der Begriff „streng geheim" macht im Gegensatz zu den zahllosen lauten Bekanntmachungen gerade neugierig. Dies möchte der Autor erreichen. Auch zu der Frage „Gibt es noch Unentdecktes?" kann ein Unterrichtsgespräch geführt werden. In Partner- oder Kleingruppenarbeit lassen sich diese Aufgaben schriftlich bearbeiten:

- *Dort* würden wir gerne noch etwas entdecken:
- *Das* würden wir gerne noch entdecken:

Die verschiedensten Entdeckerposen kann man pantomimisch durchspielen:
Erspähen (mit dem Fernglas, Hand an die Stirn);
Sehen im Sinne von *Wahrnehmen, Wiedersehen, Fernsehen,* aber auch im Sinne von *Überblicken, Überschauen, in Tiefendimensionen blicken* (Vergrößerungsglas, Lupe, Mikroskop);
ebenso läßt sich das *Finden* und das *Entdecken* (im Sinne von *Aufdecken*) darstellen, vielleicht auch das *Ergründen*.

2.8 Verhüllen und verändern mit Materialien

Ziele

Materialien und in diesem Zusammenhang vor allem Textilien können sowohl verbergen als auch schützen. Kleidung aus unterschiedlichen Materialien hat eine vergleichbare Funktion. Je nach Art und Beschaffenheit können sie uns bis zur Unkenntlichkeit verhüllen und verändern. Die Kinder erkennen, daß jedes Material eine ganz bestimmte Wirkung hat, daß es im einen Fall eher schützende Funktionen hat, im anderen eher dem originellen Aussehen dient.
Die Anregungen sind im wesentlichen für das zweite Schuljahr gedacht, manches ist aber auch schon im ersten Schuljahr durchführbar.

Didaktischer Kontext

Sich verstecken, sich verkleiden, sich in Szene setzen sind wichtige Handlungsmöglichkeiten zur Erprobung und Auslotung des eigenen Ichs. „Wer bin ich, was bin ich, wie kann ich auch und anders sein?" sind Fragen, die Kinder sich besonders häufig stellen, aber auch jedem Erwachsenen immer wieder Antworten abverlangen. In diesem Zusammenhang sind Materialien äußerst hilfreiche, manchmal unverzichtbare Hilfsmittel. Sie erleichtern die Identifikation mit einer Rolle: Mit einem Tuch oder einem Umhang z. B. fällt es nicht schwer, die Gestalt zu wechseln, sich in etwas anderes zu verwandeln, etwa in ein Tier, in einen Stein oder in eine Pflanze und sich in dieser Rolle eine Zeitlang aufzuhalten und sich auszudrücken.

Materialkiste

Für das gesamte Unterrichtsvorhaben sollte eine große Materialkiste bereitstehen mit Tüchern unterschiedlicher Farbe, Größe und Struktur, Stoffresten, Gardinen, Fellen, Kleidungsstücken, Papier- und Jutesäcken, Plastikfolie, Küchen- und Toilettenpapier, Bettlaken, Hüten, Bändern, Wolle, Decken, Netzen, Schminke u. a. m. Außerdem können auch Musikinstrumente (Gong, Glocke, Rassel) und geeignete Musikkassetten Verwendung finden.

✳ Ausdrucksspiel aus dem Erleben

Eine erprobte und bewährte Möglichkeit, sich über Materialien in kreative Spiele einzulassen, bietet das Ausdrucksspiel aus dem Erleben, auch bekannt als „Jeux Dramatiques".[1] Diese Art des Ausdrucksspiels ist eine besonders einfache Form des freien Theaterspiels ohne Auswendiglernen und ohne eingeübte Spieltechnik. Es bedarf keines Vorwissens und keiner Fertigkeiten. Texte aus Kinder- und Bilderbüchern, Gedichte, Märchen oder selbst verfaßte Geschichten können als Spielvorlage dienen. Diese Form des Spiels bietet eine unvergleichbar einfache Möglichkeit, Kinder mit sich selbst und ihren latenten kreativen Fähigkeiten zu konfrontieren, und zwar ohne großen Aufwand. Für Lehrer und Lehrerinnen, denen diese Spielform nicht vertraut ist, seien hier einige Hinweise gegeben, die im Umgang damit zu beachten sind:

---

[1] Der Begriff „Jeux Dramatiques" stammt von dem französischen Pädagogen Léon Chancerel. Sein grundlegendes Buch erschien 1936 in Paris und trug den Titel: „Jeux Dramatiques dans l'Education – Introduction á une Méthode". Chancerel definiert „jeu" als lustbetonte Bewegungsfreude einerseits und freiwillige Unterordnung unter die Spielregeln andererseits. Er unterscheidet und erklärt die Bevorzugung des Ausdruckes „dramatique"gegenüber dem Ausdruck „théâtral", um zu signalisieren, daß diese Spielform nicht primär für ein unbekanntes Publikum gedacht ist, sondern in erster Linie der eigenen Freude und der persönlichen Entwicklung dient. „Jeux Dramatiques" sind folglich Spiele, bei denen durch Bewegung und Gebärde ganz eigene Gefühle und Beobachtungen zum Ausdruck kommen.
In diesem Zusammenhang hat sich die Autorengruppe der Arbeitsgemeinschaft Jeux Dramatiques, Baur-Traber, Ch./Frei, H. u. a.: Ausdrucksspiel aus dem Erleben 1, Bern 1990, verdient gemacht. Dieses Buch, das in Form von Protokollen (auch photographisch) vornehmlich Einführungsspiele zu den Jeux Dramatiques bietet, und der ergänzende Band von Frei, H.: Jeux Dramatiques mit Kindern 2. Ausdrucksspiel aus dem Erleben, Bern o. J., der sich mit der Spielpraxis in Kindergarten, Spielgruppen, Schule und Freizeit befaßt, seien allen Lehrerinnen und Lehrern wegen ihrer Anschaulichkeit zur Lektüre sehr empfohlen. Unsere Überlegungen zu den Grundlagen und Zielen des Ausdrucksspiels aus dem Erleben erfolgen mit Hinweis auf die Ausführungen der Autorengruppe Baur-Traber, Ch./Frei, H. u. a., Bern 1990.

Unterrichtsideen — Verhüllen und verändern mit Materialien

• Kernidee

Ein Sprecher führt erzählend oder pointiert lesend die Spieler durch das Spiel. Spieler und Spielerinnen selbst sprechen nicht, höchstens in Ausnahmefällen. Ihre Aufgaben beschränken sich auf Bewegung, Gebärde und Ausdruck, ganz nach dem individuellen oder gemeinsam erarbeiteten Verständnis von Thema und Rolle.

Auch Spielideen ohne Textvorlage – aus dem Naturgeschehen oder dem täglichen Erleben der Kinder – können mit der Methode der Jeux Dramatiques gestaltet werden.

Innerhalb eines Themas bestimmen die Spieler aufgrund ihrer eigenen Ideen und ihrer augenblicklichen Stimmung ihre Rolle selbst. Die Ausgestaltung der Rolle ist ganz und gar frei. Sie geschieht nach persönlichen Vorstellungen oder im Rahmen eines Konzepts, das von allen Beteiligten entwickelt wird.

Im Vordergrund steht immer das persönliche Erleben, unabhängig davon, ob mit oder ohne Textvorlage gearbeitet wird. Es geht nicht um das Erbringen von Leistungen. Jeder darf sich so darstellen, wie er sich im Moment fühlt. Es gibt kein richtig – es gibt kein falsch.

• Spielregeln

– Jedes Kind hat Zeit, sich seine Rolle selbst zu wählen. Wollen mehrere Kinder spontan die gleiche Rolle spielen, kann mehrfach gespielt werden. Nebenrollen können oft mehrfach besetzt werden, so daß sich in aller Regel die gesamte Klasse am Spiel beteiligen kann.

– Jedes Kind spielt primär für sich selbst und drückt sich im Spiel so aus, wie es seine Rolle empfindet.

– Jedes Kind akzeptiert die Freiräume der anderen Spieler.

– Jedes Kind darf Zuschauer sein, wenn es nicht aktiv mitspielen möchte; es kann dennoch bei den Vorbereitungen mithelfen.

Die Spielregeln sind als Hilfe für Spieler und Spielleiter gedacht. Sie sollten jedoch nicht doktrinär gehandhabt werden. Ein zusätzliches Kreativitätspotential liegt in der Erfindung und Besetzung kleiner, ebenfalls stummer Nebenrollen, die Thema oder Text bereichern.

• Spielvorbereitung

Dazu gehören:

– Thema oder Text vorstellen und ausarbeiten
– Rollen auswählen
– Spielorte festlegen
– Verkleiden und kleine Hilfsmittel auswählen, soweit erforderlich
  Kein Spiel benötigt aufwendige Kostümierung; einfache Tücher verschiedener Farbe, Größe und Struktur machen es für die Spieler jedoch oft leichter, Distanz zur eigenen Person zu gewinnen und sich in eine Rolle einzufühlen.
  Als Tuchmaterial hat Chiffon besondere Qualitäten, die sich für diese Spielform vielfältig nutzen lassen. Chiffontücher geben den Spielern Sicherheit. Sie verhüllen und verändern, ihre weitgehende Transparenz macht die Spieler nicht unsichtbar. Tücher dieser Art („Zaubertücher") erleichtern es den Kindern, unterschiedliche Rollen und Haltungen einzunehmen.
– Szenische Fragen klären und Spielplätze gestalten
– Innere Sammlung vor dem Spiel

Unterrichtsideen — Verhüllen und verändern mit Materialien

- *Rolle der Spielleiterin/des Spielleiters*

Sie/er motiviert, koordiniert, ermutigt und kontrolliert. Sie/er übernimmt die Verantwortung, in kritischen Situationen die Grenzen von Spielern zu erkennen und Grenzen zu setzen. Sie/er ermuntert dahingehend, z. B. eine Rolle zu übernehmen, die jemand gerne spielen möchte, dem es aber an Mut vielleicht noch fehlt. Auf der anderen Seite gibt es Kinder, die lernen müssen, nicht immer im Vordergrund zu stehen. Auf eine begehrte Rolle einmal zu verzichten, gehört mit zu den Lernprozessen, die diese Spielform bietet. Der Verzicht fällt dann leichter, wenn er durch andere Rollenerfahrungen ausgeglichen wird und Anerkennung findet. Die Eigenverantwortlichkeit der Kinder wird durch das Prinzip der freien Selbstentfaltung gefördert. Zuweilen führt dieses Prinzip aber auch zu verwirrenden Situationen. Besonders bei Spielen ohne Text und mit offener Handlung kann es bei unerfahrenen Spielern zu Unklarheiten kommen. Man kann sich jedoch vor dem Spiel gemeinsam die Frage stellen: „Was machen wir, wenn es ein großes Durcheinander gibt?" Dadurch werden die Spieler angeregt, gemeinsam Lösungen zu finden, die alle akzeptieren.

- *Durchführung*

Gestützt auf die Vorbereitung kann das Spiel beginnen. Leiter und Spieler vereinbaren miteinander ein deutliches Klangsignal für Anfang und Ende des Spiels (z. B. Gong).

- *Verarbeitung*

Das Verarbeiten des Spiels ist von besonderer Bedeutung. Hier sollen Wahrnehmungen und Erfahrungen ausgetauscht und transparent gemacht werden. Hier ist auch Raum zum Klären von Mißverständnissen und Unbehagen. Bevor die Zuschauer ihre Beobachtungen zur Sprache bringen, sollten sich alle Spieler äußern dürfen. Meist bietet die Auswertung auch zugleich die Chance zu erneutem Spiel unter Berücksichtigung veränderter Ideen und neuer Rollenwahl.

Blumenwiese
(Spielbeispiel ohne vorgegebenen Text für das 1. Schuljahr)

Dieses einführende Ausdrucksspiel eignet sich gut dafür, die Kinder mit dem „Zaubertuch" und seinen Verwendungsmöglichkeiten vertraut zu machen.

Organisation	Sitzkreis, Einzel-, Partner- und Klassenspiel
Material	für jedes Kind ein farbiges Chiffontuch, Gong, Kassettenrecorder und Kassetten mit geeigneter – klassischer oder meditativer – Musik
Durchführung	Die Kinder sitzen im Kreis, in dessen Mitte ein grünes Tuch auf dem Boden liegt.

a) Der Lehrer/die Lehrerin erklärt, daß er/sie eine Art Zaubertuch in der Hand habe und daß dieses Tuch aus der Hand herauswolle, um lebendig zu werden. Aus der geschlossenen Lehrerfaust wird ein rotes Chiffontuch gezupft oder gestoßen, das eine Blume darstellt. Die Blume wird einem Kind überreicht mit den Worten: *„Aus dem Tuch ist eine Blume geworden. Jetzt überreiche ich Jana das Tuch."* Diese Zeremonie wird noch ein paar Mal wiederholt, so daß die Kinder Gelegenheit haben, genau zu beobachten, wie die Blumen durch Stoßen von unten oder Zupfen von oben entstehen.

Unterrichtsideen — Verhüllen und verändern mit Materialien

b) Je zwei Kinder erhalten ein Tuch mit dem Auftrag, sich gegenseitig eine Blume zu zaubern. Inzwischen werden weitere Tücher zur Verfügung gestellt, aus denen gleichfalls Blumen entstehen. Wenn alle Kinder eine Blume vor sich haben, ertönt als Signal der Gong. Die Musik wird eingeschaltet.

Die Kinder legen der Reihe nach ihre Blumen auf die grüne Wiese. Alle beobachten, wie die Blumenwiese immer bunter wird.

c) Ohne zu sprechen werden die Stühle schnell und leise weggestellt, und die Kinder gehen zur Musik um die Wiese spazieren. Die Lehrerin oder der Lehrer bittet die Kinder, sich in aller Ruhe eine Blume zu „pflücken" und daran zu „riechen", während sie/er das grüne Wiesentuch entfernt.

d) Lehrer/Lehrerin: *„Wir stellen uns vor, daß der Duft der Blume uns zum Tanzen bringt. Wir bewegen uns alleine oder zu zweit zur Musik, dabei wird aus der Blume ein zarter Wind, der uns umgibt und gegenseitig berührt. Wir tanzen im Frühlingswind."*

Variationen

Je nach Klassensituation kann man die Kinder weiter mit den Möglichkeiten der Tücher und der Phantasie vertraut machen, wobei die Musik weiterspielt:

„Unser Tuch

- *wird zu einem kleinen Tier, das wir im Arm halten und streicheln;*
- *wird zu einem leichten Rucksack, der uns beschwingt wandern läßt;*
- *wird zu einem schweren Zementsack, den wir nur mit größter Mühe hochheben können;*
- *verwandelt uns in uralte Leute, die kaum mehr gerade gehen können;*
- *verwandelt uns in einen guten Freund, der am Bahnhof steht und Abschied nimmt, ... der Zug fährt los, ... wir winken ihm nach, ... und wischen uns eine dicke Träne aus dem Auge;*
- *wird zusammen mit einem anderen Tuch zu einem schweren Korb, den wir nur zu zweit tragen können;*
- *verwandelt uns gemeinsam zu einer einzigen großen Schlange."*

Weitere Anregungen

- Die Spielplätze werden ausgebaut. Die Kinder bekommen mehr Material (zusätzliche Tücher, Kissen etc.).

- Die Aufgaben werden zunehmend präzisiert, z. B. dahingehend, daß die Schlange sich zum Kreis formiert, sich erst langsam bewegt, dann immer schneller wird.

- Die Gruppe kann sich in Zwerge oder Riesen verwandeln und den verschiedensten Instruktionen folgen.

Spielende

Die Lehrerin oder der Lehrer kann das Spiel mit folgenden Worten beenden:
„Vom Spiel mit den Tüchern sind wir müde geworden. Wir machen es uns so bequem wie möglich ... Wer sich hinlegen will, soll das tun ... Wir decken uns mit unserem Tuch zu, schließen die Augen und horchen auf die Musik."

Die Musik wird langsam ausgeblendet. Der Gong ertönt. Die Kinder werden gebeten, die Augen zu öffnen, sich umzusehen und wieder einen Sitzkreis zu bilden. Jeder faltet sein Tuch zusammen, legt es in den Korb und trägt seinen Stuhl in den Kreis zurück.

Das erste Nachgespräch ist meist nicht besonders ergiebig. Die Kinder sagen beinahe einstimmig, daß es schön war.

Möglicherweise muß das Gespräch von Lehrerseite angeregt werden, z. B. durch Hinweise wie: *„Besonders gut hat mir gefallen, wie wir mit leichten Rucksäcken auf fröhlicher Wanderschaft waren."*

Gerade dann, wenn die Versprachlichung des Erlebten noch holprig ist, sollte man

Unterrichtsideen — Verhüllen und verändern mit Materialien

nicht nachgeben, sondern vielmehr Impulse für die Entwicklung des sprachlichen Handelns setzen. Was Kinder bekanntlich gut beherrschen, ist das Kommunizieren in ihnen vertrauten und selbstverständlichen Situationen in der Familie und in der Kleingruppe mit Gleichaltrigen. Fehlt dieser vertraute Rahmen, sind die Kommunikationspartner fremd, werden Kinder häufig unsicher und hilflos. Die eigentliche Kommunikation kann erst gar nicht beginnen. Muster zur Herstellung von Kontakt und zur Gestaltung einer kommunikativen Beziehung außerhalb des vertrauten Rahmens werden von Kindern erst allmählich erworben. Wie man Kontakt knüpft, eine situative Beziehung herstellt und was man tut, wenn man sich gerade nicht fraglos versteht, ist gerade für Kinder einer der wichtigsten und problematischsten Aspekte sprachlichen Handelns (vgl. Holly/Schwander 1987, Kapitel 5 und 6). Deshalb sollten alle Gelegenheiten genutzt werden, die eine Gesprächskultur fördern. Auswertungssituationen und Nachbesinnungen gehören unbedingt dazu, auch wenn sie anfänglich gänzlich ungeschliffen und mühselig beginnen mögen. Das Lernen am Modell der Lehrerin oder des Lehrers spielt hierbei eine wichtige Rolle.

Die Bärenfamilie
(Spielbeispiel ohne vorgegebenen Text für das 2. Schuljahr)

Wenn man z. B. im Anschluß an den Sachunterricht versuchen will, die Lebensart einer Tiergattung auch anders als zoologisch zu verstehen und nachzuempfinden, kann man mit den Kindern eine Geschichte zum Thema erarbeiten und mit den Mitteln des Ausdrucksspiels in Szene setzen. Geeignet sind ebenso Themen wie Katzenfamilie, Vogelfamilie, Hundefamilie u. a. (vgl. Baur-Traber/Frei u. a. 1990, S. 113 f.).

Durchführung

1. Assoziationen
Die Kinder äußern sich zunächst zu den Fragen „Was tun Bären?" und „Wie sind Bären?". Tätigkeiten und Eigenschaften werden an der Tafel festgehalten, z. B.:

Was Bären tun:	**Wie Bären sind:**
Beute fangen	hungrig
fressen	neugierig
schlafen	gemütlich
faulenzen	drollig
trotteln	faul
tappen	aggressiv
die Jungen beschützen	frech

2. Rollenwahl
Anschließend wählt jedes Kind eine Rolle aus der Bärenfamilie und dazu eine oder zwei hervorstechende Eigenschaften.
Auch die Rollenwahl wird an der Tafel fixiert, z. B.:

Unterrichtsideen — Verhüllen und verändern mit Materialien

Vater	**Großvater**
Michael: gemütlich	Timo: zufrieden
Mutter	**Großmutter**
Susanne: verantwortungsbewußt	Beatrice: ängstlich
Bärenkinder	**Jäger**
Jana: neugierig	Andreas: zunächst
Jens: Lausbub	forsch, dann ängstlich
Klaus: tollpatschig, faul	
Katrin: unfolgsam	
Renate: frech	

Die Kinder erzählen, was sie in ihrer Rolle erleben möchten.

3. Handlung erfinden

Auf der Grundlage der Wunschvorstellungen der Kinder erfinden alle gemeinsam eine Geschichte, die ebenfalls stichwortartig an die Tafel geschrieben wird, etwa so:

- die Bärenfamilie lebt in einer Höhle
- der Großvater sonnt sich auf einer Wiese
- der Vater geht fischen, und das neugierige Bärchen geht mit
- auf dem Heimweg gerät der Vater in eine Falle
- zur gleichen Zeit kommen die Bären aus der Höhle, und der Großvater spielt mit ihnen
- das Bärenkind, das den Vater begleitet hat, rennt zur Wiese zurück und sucht Hilfe beim Großvater
- der Großvater schickt alle Bärenkinder in die Höhle
- der Großvater geht zur Falle und schüttet Erde hinein
- der Jäger erscheint, wird vom Bärengroßvater angefallen und flüchtet
- die Kinder verlassen heimlich die Höhle, sehen den Rucksack des Jägers, finden Honig darin und schlecken genüßlich
- der Vater kann sich aus der Falle befreien
- alle sind froh, daß der Vater wieder da ist und begrüßen ihn

4. Gestaltung der Spielplätze

Bei der Ausgestaltung der Spielplätze empfiehlt es sich, eine genaue Einteilung der Kinder vorzunehmen. Jede Gruppe ist für die Ausgestaltung einer bestimmten Szene zuständig.

5. Verkleiden und kleine Hilfsmittel

Braune Tücher, Felle, Säcke u. ä. werden zum Bärenfell. Einige Spieler malen sich braun an. Der Jäger nimmt einen Stecken als Gewehr und ein gebundenes Tuch als Rucksack. Zum Auffüllen der Grube mit Erde kann man u. a. braunes Papier, Decken oder Säcke verwenden.

6. Darstellungsmöglichkeiten ausprobieren

Die Kinder bewegen sich in ihrer Verkleidung und probieren verschiedene Handlungen und Gesten aus.

| Unterrichtsideen | Verhüllen und verändern mit Materialien |

7. Letzte Spielanweisungen
Die Lehrerin oder der Lehrer sammelt die Spieler und führt sie zur inneren Ruhe. Mit einfachen Worten wird nochmals der Ablauf der Handlung erklärt.
Ein Gongschlag eröffnet das Spiel und schließt es am Ende ab. Während des Spielverlaufs sollten sich die Spieler möglichst viel Raum und Zeit lassen für spontane und unerwartete Entwicklungen.

„Lesestunde"

Das Gedicht „Lesestunde" von Hans Baumann ist ein Beispiel für einen Text, der als Spielvorlage für ein Ausdrucksspiel dienen kann.

Lesestunde

Ein Hund, ein Schwein, ein Huhn, ein Hahn,
ein Specht, der grade zu Besuch,
die fanden hinterm Haus ein Buch –
was haben da die fünf getan?
Sie riefen alle laut: „Mal sehn,
was mag auf Seite eins wohl stehn?

„Oi oi oi oi", so las das Schwein.
Da sprach der Hund: „Das kann nicht sein.
Da steht wau wau wau wau wau wau."
Der Specht rief gleich: „Ich seh's genau,
da steht tak tak tak tak tak tak."
Das Huhn las eifrig: „Gack gack gack."
Hell schrie der Hahn: „Das stimmt doch nie,
da steht kikerikrikrikri!"

Die Eule hörte das Geschrei
im Tagversteck und flog herbei.
Nun sprach der Hahn mit wilden Augen:
„Das dumme Buch kann nicht viel taugen,
denn jedem lügt's was andres vor."
Die Eule hielt es an ihr Ohr:
„Mir sagt das Buch, es läg daran,
daß keiner von euch lesen kann."

Hans Baumann

Die Spieler übernehmen die Geräusche, nicht aber den gesamten Sprechtext. Dieser wird vom Sprecher vorgetragen. Stimmlich beschränken sich die Rollen der Tiere also ausschließlich auf die lautmalerischen kurzen Äußerungen („oi oi oi oi" usw.). Auch die Eule spricht nicht mit sich selbst. Sie kann ein Anfluggeräusch machen, wofür ihr der Sprecher Zeit läßt, und sich anschließend das Buch ans Ohr halten.

Unterrichtsideen Verhüllen und verändern mit Materialien

✳ **„Ich möchte mal wer anders sein"**

Auch dieses Lied eignet sich gut als Spielvorlage:

Ich möchte mal wer anders sein

Text: Nortrud Boge-Erli
Melodie: Dorothée Kreusch-Jacob
© Autoren

1. Ich möch - te mal wer an - ders sein, ich denk' mir et - was aus! ___ Mir fällt, mir fällt so man - ches ein, ich denk mir et - was aus! La la la la!

2. Ich bin der Löwe Grausedich
   und blecke meine Zähne
   und schüttle meine Mähne
   und fauche fürchterlich! Chu-chu-chu-chuuuuu!

3. Ich bin der Ritter Wunnimampf
   und steige auf mein Pferd
   und fuchtel mit dem Schwert
   und trabe in den Kampf! Heio-heiooooo!

4. Ich bin der Cowboy Schlenkerbein
   und werf mein Lasso rund
   und brüll mit meinem Mund,
   fang achtundachtzig Stiere ein! Ho-ho-ho-hoooo!

5. Ich bin der Riese Zappelfraß
   und schlucke Erdbeereis,
   auch Cola kübelweis.
   Platzt mir der Bauch? Ach was! Aham-ahammmm!

6. Ich bin und bin, was ich nur mag,
   ich denk mir etwas aus.
   Doch bleib ich ich den ganzen Tag,
   drum denk ich mir was aus! Juhu-juhuuuuuuu!

Hierbei bietet sich folgende Vorgehensweise an: Alle singen die erste Strophe; die zweite bis fünfte Strophe werden spielerisch dargestellt und vom Sprecher vorgelesen; die letzte Strophe singen wieder alle gemeinsam.

✳ **Kartonköpfe**

Material für jedes Kind einen Weinkarton (den es über den Kopf stülpen kann, ohne daß er zu sehr hin und her rutscht), Farben, Yoghurtbecher, Wollreste, Watte, Korken, Scheren, Klebstoff

Organisation Partner- bzw. Einzelarbeit

Unterrichtsideen Verhüllen und verändern mit Materialien

Durchführung Zuerst werden zwei Löcher für die Augen oder ein Sehschlitz in den Karton geschnitten. Yoghurtbecher können Nase und Ohren bilden, aufeinandergeklebte Korken können z. B. Hörner abgeben. Die Vorderseite des Kartons wird als Gesicht ausgestaltet. Zum Schluß kleben die Kinder Haare und eventuell Bärte aus Wolle oder Watte auf.

Variation Das Thema könnte dahingehend variiert werden, daß nicht nur der Kopf, sondern die ganze Gestalt durch Kartons verhüllt wird und so ein Roboter entsteht.

✷ Modeschau mit Kleidern aus verschiedensten Materialien

Material große Materialkiste (siehe S. 60), Klebeband, Sicherheitsnadeln, Bindfaden

Organisation Kleingruppenarbeit (je drei Kinder), Klassenspiel

Durchführung Die einzelnen Gruppen überlegen, was für ein Kleidungsstück sie herstellen wollen und welche Materialien und Farben dafür in Frage kommen. Dann wird das ausgedachte Modell an einem Kind realisiert.
Jede Gruppe bestimmt einen Moderator, der das Modell bei der folgenden Modeschau mit möglichst lustigen Kommentaren vorstellt.

✷ Masken aus Gipsbinden

Kinder verkleiden sich nicht nur gern, sondern sie lieben es auch, Masken zu tragen. Dies ist ein Versteckspiel besonderer Art. Das Gesicht ist Ausdruck der Persönlichkeit, und mit dem Anlegen der Maske schlüpft der Träger in eine andere Rolle, wobei die meisten Masken mystische Gestalten darstellen wie Hexen, Teufel und Geister.
Bei der Herstellung der Masken aus Gipsbinden dient das eigene Gesicht als Modell für die Maske.

Organisation Klassen- bzw. Partnerarbeit
Achtung: Während der Anfertigung der Masken müssen die Kinder ausschließlich durch die Nase atmen!

Material Hautcreme, Gipsbinden, Papiertaschentücher, flache Schalen mit Wasser, Scheren, Farben, Wäschegummi

Durchführung Der gesamte Arbeitsablauf wird den Kindern demonstriert, bevor sie selbst in Partnerarbeit wechselseitig die Masken herstellen. Zunächst wird das Gesicht eines Kindes, das sich auf einen Tisch gelegt hat, mit reichlich Hautcreme bestrichen, wobei besonders die Augenbrauen dick bedeckt werden. Über den Mund legt man einen Streifen von einem Papiertaschentuch. Dann schneidet man von der Gipsbinde Streifen in gewünschter Länge ab, also z. B. für Stirn, rechte und linke Gesichtsseite je 10–15 cm, taucht die Stücke ins Wasser und legt sie auf das Gesicht. Über Nase, Kinn und Wangen legt man entsprechend kleinere Stücke und streicht sie glatt. Augen und Nasenlöcher bleiben frei. Es ist sinnvoll, zwei bis drei Schichten zu legen, damit die Maske stabil wird. Während des Arbeitsvorganges muß man darauf achten, daß die Gipsstreifen nicht zu naß sind und nicht tropfen. Der Gips trocknet relativ schnell. Das Kind verzieht unter der Maske das Gesicht, so daß sie sich langsam von der Haut ablöst. Besonders von den Seiten her lockert sich die Maske und läßt sich schließlich ganz abheben.
Wenn der Gips trocken und hart ist, kann die Maske bemalt werden.
Damit sie gut sitzt, befestigen die Kinder ein Stück Wäschegummi an beiden Seiten der Maske in Ohrhöhe (Loch hineinbohren).

2.9 Wünschen und brauchen

Ziele

Schon vor dem Schulalter erfahren die Kinder, daß man mit Hilfe von Geld Wünsche erfüllen kann. Kinder als Adressaten sind ein fester Bestandteil in der Kalkulation bestimmter Branchen. Deshalb müssen sie frühzeitig lernen, mit Geld sinnvoll umzugehen. Es ist notwendig, daß sie fremdes und eigenes Konsumverhalten bewußt wahrnehmen, die eigenen Möglichkeiten erkennen und ein verantwortungsvolles Einkaufsverhalten entwickeln. Voraussetzung dafür ist das Bewußtsein des Unterschieds „notwendig brauchen – entbehren können", die Fähigkeit zum Wunschaufschub und zur Planung von Einkäufen. Grundkenntnisse über Operationen mit Geld sind Vorbedingung. Von den Arbeitsvorschlägen her ist das Thema für die zweite Klasse konzipiert.

Didaktischer Kontext

Schon von frühester Kindheit an kommen Kinder mit Geld in Berührung. Sei es, daß sie Erwachsene beim Einkaufen begleiten, sei es, daß sie selbst ihr Brötchen oder eine Brezel für das Frühstück im Kindergarten einkaufen: Sie erfahren, daß man Geld braucht, wenn man etwas kaufen will. Für Kinder – aber auch für Erwachsene! – ist es allerdings äußerst schwierig zu unterscheiden zwischen dem, was man braucht, und dem, was man sich wünscht oder zu brauchen meint. Werbung ist ein Teil der Medienkindheit, sie will weit mehr Bedürfnisse wecken als informieren. Dies gilt gerade für jene Waren, deren Konsumenten Kinder sind. Auch Eltern haben es heute sehr schwer, den durch ein Überangebot erzeugten Wünschen der Kinder entgegenzuwirken und einen Weg zu finden, der die Kinder selbst zu einem bewußten Wunsch- und Kaufverhalten führt. Dabei sind Erfahrungen wie Verzichten lernen und Wünsche aufschieben können unerläßlich. Im Umgang mit Geld bringen alle Kinder vielfältige Erfahrungen mit, die sich jedoch sehr unterscheiden. Nahezu alle Kinder bekommen regelmäßig Taschengeld; hinsichtlich Höhe und Verwendung gibt es jedoch große Unterschiede auch schon bei den Schulanfängern: Von zielbewußtem Sparen bis zu schnellem Umsetzen in Süßigkeiten begegnet man zahlreichen Varianten. Den meisten Kindern ist aber auch schon bewußt, daß Geld verdient werden muß und daß auch die Eltern sich nicht alle Wünsche erfüllen können.

✳ **„Das Spiel vom Tauschen"**

Die ursprüngliche Form der Bedürfnisbefriedigung oder Wunscherfüllung ist das Tauschen. Der vorliegende Spieltext behandelt die Schwierigkeit, durch Tausch etwas zu bekommen, das man braucht. Angebot und Bedürfnis decken sich auf beiden Seiten der Tauschpartner nämlich nur selten. Der Weg zum Geld als Tauschmittel wird anschaulich gemacht. Es wird aber auch deutlich, daß Geld nicht notwendig ist, wenn man wirklich etwas hat, was ein anderer benötigt, und von ihm selbst etwas bekommen kann, was man haben möchte oder braucht. Tauschen kann man also immer noch.

Organisation Sitzkreis, szenisches Spiel

Material Text, Requisiten

Durchführung Zunächst erzählen die Kinder im Sitzkreis, wie sie vorgehen, wenn sie sich einen Wunsch erfüllen wollen. Da ein großer Teil der Bedürfnisbefriedigung auch bei Kindern über Geld geht, wird das Thema „Kaufen" sehr schnell im Gespräch sein. Der Lehrer/die Lehrerin kann nun darauf hinweisen, daß die Beschaffung von Dingen viel schwieriger war, als es noch kein Geld gab. Die Kinder erörtern daraufhin andere Vorgehensweisen.

Unterrichtsideen Wünschen und brauchen

34a–c

Die Lehrerin oder der Lehrer führt nun in „Das Spiel vom Tauschen" ein, indem sie/er kurz die Ausgangssituation verdeutlicht. Die Kinder erhalten nun den Text und lesen ihn mit verteilten Rollen. Im anschließenden Gespräch sollen die Kinder zuerst ihr Verständnis vom Text mitteilen, aber auch den formalen Aufbau durchschauen. Diesen könnte man mit Hilfe einer Grafik verdeutlichen:

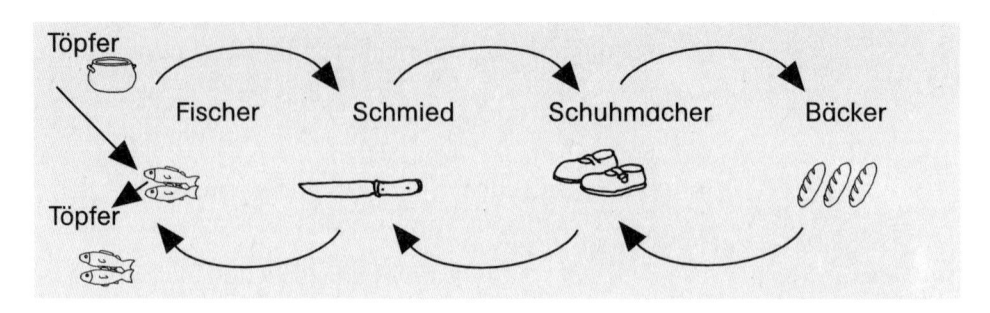

```
Töpfer
  ↓ ↘        ↘         ↘         ↘
     Fischer    Schmied    Schuhmacher    Bäcker
  ↙ ↖        ↖         ↖         ↖
Töpfer
```

35

Die Kinder lesen den Text noch einmal und überprüfen dabei die Skizze. Aus der Erinnerung heraus sollen dann einige Kinder einen ersten Spielversuch machen, wobei keine genaue Textwiedergabe notwendig ist. Im weiteren Verlauf kann das Spiel auch als Aufführung mit Kostümen und Requisiten gestaltet und vielleicht einer Parallelklasse vorgeführt werden.
In diesem Zusammenhang ist es für die Kinder sicher reizvoll, selbst Zahlungsmittel zu gestalten. Das Aufgabenblatt 35 ist für entsprechende Entwürfe gedacht.

❋ **Flohmarkt: Wir tauschen Spielsachen**

Kinderflohmärkte für gebrauchte Spielsachen, Bücher und Kinderkleidung werden inzwischen von verschiedensten Veranstaltern allerorts durchgeführt. Sieben- bis achtjährige Kinder sind jedoch noch kaum in der Lage, ohne fremde Hilfe daran teilzunehmen. Ein Flohmarkt in der Klasse hingegen bleibt überschaubar, und der Lehrer/die Lehrerin kann auf Nachfrage beratend eingreifen. Die Kinder sollen Erfahrungen mit dem Tauschwert von Spielsachen sammeln, der aber nicht identisch ist mit dem ursprünglichen Kaufpreis. Sie sollen nur Dinge zum Tausch anbieten, mit denen sie nicht mehr spielen, um dafür etwas Gebrauchtes zu bekommen, das für sie reizvoll ist. Somit können sie subjektive Werteinschätzungen beobachten, ohne daß dabei Geld ins Spiel kommt.

Organisation Klassengespräch, „Marktstände"

Material Spielsachen, Aufgabenblatt

Durchführung Es ist sinnvoll, bereits an einem Elternabend auf eine solche Aktion hinzuweisen. Auch mit den Kindern wird der Flohmarkt im Kreisgespräch vorbereitet. Sie sollen überlegen, womit sie nicht mehr spielen und was sie gerne hätten, aber auch offen sein für neue und ausgefallene Dinge, die angeboten werden. Es muß den Kindern klar sein, daß sie eingetauschte Sachen nicht zurückverlangen können. Um den Flohmarkt auch im Hinblick auf die vorhandenen Tauschwerte überschaubar zu gestalten, sollte die Anzahl der angebotenen Spielsachen begrenzt werden. Bevor die Tauschaktionen beginnen, sollen sich die Kinder alle Angebote betrachten. Wenn ein Objekt mehrere Interessenten findet, kann der Anbieter auch aus den Angeboten auswählen. Häufig spielt beim Tausch auf dem Klassenflohmarkt aber auch die Beziehung der Kinder untereinander die entscheidende Rolle. Es wird Situationen geben, in denen den Kindern die Wahl der Tauschpartner schwer fällt. Man muß deshalb auch mit ihnen darüber sprechen, daß bei

Unterrichtsideen   Wünschen und brauchen

Tauschhandlungen nicht die Sympathie die entscheidende Rolle spielen soll, sondern der Wunsch, etwas Bestimmtes einzutauschen.

Wenn ein Kind einen Tausch ablehnt, darf das andere Kind dies nicht als Kränkung auffassen. In solchen Situationen muß der Lehrer/die Lehrerin vermittelnd und klärend eingreifen. Jedenfalls sollte nach der Transaktion jeder Partner zufrieden sein.

Im Rahmen eines solchen Klassenflohmarktes können die Kinder auch die Erfahrung machen, daß man für „wertlosen Kram" kaum Interessenten findet und daß Fairneß eine wichtige Voraussetzung für das Tauschen ist.

Im Anschluß an die Tauschaktion sollte erneut eine Gesprächsrunde stattfinden, in der die Kinder ihre Eindrücke wiedergeben können. Sie sollen über Zufriedenheit oder Zweifel am Tausch sprechen können, aber auch über Erfahrungen im Zusammenhang mit dem Handeln.

Variationen

Da Kinder in diesem Alter zumeist schon einige Erfahrungen mit Geld haben und über ein gewisses Einschätzungsvermögen verfügen, könnte auch ein Flohmarkt durchgeführt werden, auf dem mit Geld bezahlt werden kann. Allerdings müßte mit Rücksicht auf die unterschiedlichen finanziellen Möglichkeiten der Kinder ein Höchstbetrag festgelegt und das Angebot der Spielsachen daran orientiert werden. Die Eltern sollte man über dieses Vorhaben unbedingt informieren!

Wenn es um Geld geht, müssen die Kinder lernen, nicht einfach dem ersten spontanen Wunsch nachzugeben, sondern zu vergleichen und zu prüfen, was man wirklich braucht und worauf man eher verzichten kann.

Das Aufgabenblatt bietet einen Einstieg in eine konkrete Flohmarktsituation, indem die Kinder ganz individuell entscheiden sollen, wie sie einen begrenzten Geldbetrag verwenden wollen. Es ist aber auch zur Vertiefung geeignet. Im Anschluß an die Bearbeitung der Aufgabe begründen die Kinder ihre Entscheidungen, wobei es durchaus auch möglich ist, daß ein Kind überhaupt kein Geld oder aber nur einen Teilbetrag ausgibt.

Wir leihen uns etwas für einen Tag

Auch Kinder machen die Erfahrung, daß viele Wünsche nicht erfüllt werden. Mit Neid blicken sie manchmal auf Dinge, die andere Kinder besitzen. Auf der anderen Seite sollen sie auch wahrnehmen, daß andere Kinder Wünsche haben, die diese sich nicht erfüllen können. Wünschen und Verzichten gehören zusammen. Manchmal kann ein Wunsch aber auch erfüllt werden, indem man selbst auf etwas anderes verzichtet. Beim Verleihen oder Ausleihen geht es um Dinge, die der Eigentümer nur vorübergehend entbehren möchte, weil sie eine besondere Bedeutung für ihn haben.

Organisation   Gesprächskreis, Partnerarbeit

Material   Lieblingsspielzeug

Durchführung   Im Gespräch berichten die Kinder von Alltagssituationen, in denen man etwas ausleiht oder verleiht. Es wird den verschiedenen Gründen nachgegangen, warum jemand etwas ausleihen möchte. Zumeist handelt es sich um eine Notlage, aus der man jemandem hilft. Ein Kind hat die Farbstifte vergessen, ein anderes leiht sie ihm. Die Kinder stellen fest, daß es Dinge gibt, die man problemlos ausleiht, aber auch solche, die man nur ungern oder gar nicht ausleiht. Es wird auch über die Gründe gesprochen, warum man etwas überhaupt nicht ausleiht und warum man manchmal dem einen etwas ausleiht und einem anderen nicht. Die Kinder sollen ausdrücken, was sie erwarten, wenn sie etwas verleihen. Was soll geschehen, wenn man etwas beschädigt zurückbekommt? Erst wenn die allgemeinen Verhaltensregeln für den Umgang mit geliehenen Sachen besprochen und schriftlich fixiert sind, sollen sich die Kinder einen Partner suchen, von dem sie etwas ausleihen wollen. Die Partner einigen sich auf Lieblingsspielsachen, die am nächsten Tag mitgebracht und dann bis zum folgenden Tag ausgeliehen werden können. Sie geben einander Hinweise, Ratschläge und Informationen zum Gebrauch und zur Behandlung der Sachen. Man sollte im Vorhinein vereinbaren, daß man nichts ausleihen soll, was man zum Schlafengehen oder auf andere Weise dringend braucht.

Wenn die ausgeliehenen Spielsachen wieder zurückgegeben worden sind, soll wieder ein Erfahrungsaustausch in einer Gesprächsrunde stattfinden.

Mögliche Auswertungsgesichtspunkte:
- Ist mir der Verzicht schwergefallen?
- Konnte ich mit dem geliehenen Spielzeug etwas anfangen?
- Bin ich besonders sorgsam damit umgegangen?
- Würde ich wieder etwas leihen bzw. etwas verleihen?

Wunschträume

Zwar wissen die Kinder, daß sie nicht alles bekommen, was sie sich wünschen. Dennoch erlauben sie sich normalerweise noch ganz andere Wunschvorstellungen als der realistisch denkende Erwachsene. Diese Wunschvorstellungen reichen von materiell Erreichbarem bis hin zu phantastischen Gedankenbildern. So wünscht sich das eine Kind ein tolles Fahrrad, auf das man sparen kann oder das man zu einem bestimmten Anlaß geschenkt bekommen kann, aber worauf man warten muß. Immerhin ist die Erfüllung des Wunsches möglich, wenn auch nicht sofort. Zu den Kinderwünschen gehören aber auch fiktive Vorstellungen, etwa ungeheuer stark zu sein wie Pippi Langstrumpf, reich zu sein oder zaubern zu können (Märchenfiguren). Dabei stehen sich im kindlichen Weltbild noch keineswegs real Erlebtes und in der Phantasie Erlebtes scharf getrennt gegenüber. Zumindest im Spiel vermag sich das Kind irrationale Wünsche zu erfüllen. Daneben begreift es aber sehr gut, daß es auch real erfüllbare Wünsche gibt, die relativ schnell mit Hilfe von Geld befriedigt werden können.

Organisation Sitzkreis, Einzelarbeit

Material Aufgabenblatt, Malutensilien

Durchführung Die Lehrerin oder der Lehrer kann als Einstieg das Aufgabenblatt 37 über eine Folie projizieren oder etwas Ähnliches an die Tafel schreiben, z. B. „Verrückte Wünsche", „Unerfüllbare Wünsche".
Die Kinder berichten nun von ihren Wunschträumen und überlegen, warum man überhaupt solche Wünsche hat und weshalb sie nur sehr schwer oder gar nicht in Erfüllung gehen.
Einen sehr wichtigen derartigen Wunsch können die Kinder nun malen (mögliche Hausaufgabe). Sie dürfen sich für eines der beiden Aufgabenblätter entscheiden.
In einer erneuten Gesprächsrunde stellen die Kinder dann ihre Wunschträume vor.

Brauchen und nicht brauchen

Etwas „haben wollen" und etwas „brauchen" können aus subjektiver Sicht sehr eng zusammenrücken. Täglich lebensnotwendiger Bedarf vermischt sich bisweilen mit scheinbar wesentlichen Bedürfnissen, deren Befriedigung vielleicht nur zur ange-

Unterrichtsideen   Wünschen und brauchen

nehmen Gewohnheit geworden ist. Dies soll Kindern auch bewußt werden bei den Überlegungen, was jeder braucht, und bei dem Vergleich dessen, was manche brauchen und andere nicht. Dabei geht es nicht darum, definitiv zu entscheiden, was lebensnotwendig ist und was nicht. Es soll vielmehr ein höherer Grad von Bewußtheit darüber erreicht werden, warum etwas notwendig ist, warum weniger und warum nicht. Nahrung und Kleider werden sicher von allen gebraucht, wie ist es aber mit Füller, Farbstiften, Spielsachen? Im Gespräch sollen Für und Wider abgewogen und mögliche Folgen bedacht werden. In diesem Zusammenhang sollten die Kinder auch überlegen, wofür sie Geld brauchen und wofür sie nichts oder fast nichts bezahlen müssen. Dies könnte man verdeutlichen an selbstgebastelten Geschenken oder auch an Dingen wie Freundschaft, Gesundheit, Frieden und ähnlichen Beispielen.

Organisation	Gesprächskreis, Einzelarbeit, Partnerarbeit
Material	Aufgabenblatt
Durchführung	Als Einstieg eignet sich der Impuls „Das brauchen wir jeden Tag unbedingt: ..." (Tafel). Bei den Aufzählungen wird es bald Widersprüche geben. Braucht man dies oder jenes wirklich unbedingt? Die Kinder sollen nach Argumenten suchen, andere Vorschläge machen und begründen. Sie erhalten dann das Aufgabenblatt, welches vergleichbare, die Schule betreffende Überlegungen fordert. In Partnerarbeit überprüfen die Kinder ihre Rechnungen, und in einem abschließenden Gespräch begründen sie ihre Entscheidungen.

„Hans im Glück"

Das Märchen „Hans im Glück" hebt sich von den bekannten Grimm-Märchen deutlich ab. Während üblicherweise der Held unbedeutend und arm anfängt und dann am Schluß glücklich und reich ist, bekommt Hans als Lohn für seine gute Arbeit einen Klumpen Gold, den er auf seinem Weg nach Hause durch fünfmaligen Tausch in Schleifsteine umwandelt, deren Verlust er schließlich als Befreiung von einer Last empfindet. Unbeschwert kann er den Heimweg fortsetzen. Er hat also am Anfang Gold und ist reich; durch scheinbar günstigen Tausch hat er immer weniger und am Schluß gar nichts mehr. Trotzdem heißt das Märchen „Hans im Glück". Worin besteht dieses Glück? Hans ist ein fröhlicher Mensch, dem materielle Werte nicht viel helfen und der auch nicht damit umgehen kann. Mit ihnen ist er angebunden, ohne sie ist er unbeschwert und frei. Diesen Kontrast zwischen materiellen und ideellen Gütern sollen die Kinder erfassen.

Organisation	Erzählkreis, Gruppenarbeit, szenisches Spiel
Material	Märchentext, Malutensilien, 8 Bögen Fotokarton, Scheren, Klebstoff, Requisiten
Durchführung	Die Lehrerin oder der Lehrer erzählt das Märchen „Hans im Glück" oder liest es vor. Die Kinder äußern sich spontan und kommentieren den Handlungsablauf. Danach wird das Märchen noch einmal erzählt bzw. vorgelesen mit dem Auftrag, genau auf die Reihenfolge der Tauschgeschäfte zu achten. Diese wird nun in acht Szenenüberschriften an der Tafel festgehalten.

Unterrichtsideen *Wünschen und brauchen*

> 1. Der Müller gibt Hans den Goldklumpen
> 2. Hans tauscht das Gold gegen das Pferd
> 3. Hans tauscht das Pferd gegen die Kuh
> 4. Hans tauscht die Kuh gegen das Schwein
> 5. Hans tauscht das Schwein gegen die Gans
> 6. Hans tauscht die Gans gegen die Schleifsteine
> 7. Die Schleifsteine fallen in den Brunnen
> 8. Hans geht glücklich davon

In acht Gruppen malen die Kinder nun die einzelnen Motive für je eine Szene, schneiden sie aus und kleben sie auf einen Bogen Fotokarton. Die Bilder werden in der entsprechenden Reihenfolge aufgehängt, betrachtet und kommentiert.
Nachdem sich die Kinder auf diese Weise sehr intensiv mit dem Märchen beschäftigt haben, kann es als Stegreifspiel gestaltet werden, wobei die Kinder die Dialoge in Anlehnung an das Märchen frei gestalten.
Ein Vergleich mit dem Märchen „Sterntaler" der Gebrüder Grimm bietet sich an!

„Die schönsten Pausen sind lila"

Werbung nimmt in allen Medien einen beträchtlichen Raum ein. Dadurch, daß die meisten Kinder Werbesendungen aus dem Fernsehen kennen, sind die sprachlichen Anteile häufig nur noch im Zusammenhang mit den Bildern verständlich. Darüber hinaus richtet sich der größte Teil der Werbung an den Erwachsenen; Kinder als Mit-Zuschauer und Mit-Zuhörer kennen jedoch die Sendungen und die darin propagierten Waren häufig. Es geht nun darum zu überprüfen, inwieweit die Versprechungen der Werbung in bezug auf eine Ware zutreffen. Die vier unten genannten Werbeslogans beziehen sich auf Süßigkeiten, die wohl alle Kinder kennen, und auf Hundefutter. In der Machart sind alle gleich: Es werden Versprechungen gemacht, welche den Konsum der Produkte erstrebenswert erscheinen lassen. Die Namen der Produkte unterstützen diese Absicht und suggerieren etwas Positives.

Organisation   Gesprächskreis, Einzelarbeit

Material   Werbeposter, Werbeanzeigen aus Zeitschriften

Durchführung   Zum Einstieg in das Thema könnte der Lehrer/die Lehrerin ein Werbeposter an der Tafel aufhängen und daran Fragestellungen aufzeigen, die dann z. B. an den folgenden oder anderen Beispielen behandelt werden:

- Produktname
  Milka: Milch + Kakao
  Hanuta: Haselnußtafel
  Ritter Sport: Firmenname + Leistung

- Was versprechen die Slogans? Stimmt das wirklich?
  „Die schönsten Pausen sind lila"
  „Hanuta schmeckt wie hausgemacht"
  „Knick – Knack – auf Zack"
  „Für Frolic würden Hunde wirklich alles tun"

- Sprachliche Figuren: Superlativ, Vergleich, Lautmalerei u. a.

Die Kinder können die erarbeiteten Fakten anhand mitgebrachter Werbeanzeigen überprüfen, über ähnliche Fernseh-Werbespots berichten und vielleicht auch selbst Werbeslogans für neue Produkte erfinden (z. B. für einen supermodernen Anspitzer).

2.10 Hören – verstehen – sich verstehen

Ziele

Unter den Sinneswahrnehmungen ist das Hören zweifellos die wichtigste, obgleich das Sehen lebensnotwendiger erscheint. Aber schon allein das Erlernen der Sprache und damit die Fähigkeit zur Kommunikation und zum gegenseitigen Verstehen setzt in der Regel Hören voraus. Hören erfordert Konzentration; Laute sind flüchtig und müssen rasch wahrgenommen und verarbeitet werden, während der visuelle Zugang häufig verweilendes Hinsehen ermöglicht, weil die Objekte meistens länger präsent bleiben. Deshalb muß Hören in vielfältiger Weise erlernt werden, angefangen beim bloßen Hinhören auf Geräusche über das Zuhören beim Gespräch bis hin zum „In-sich-Hineinhören". Der größte Teil der Arbeitsvorschläge eignet sich bereits für die erste Hälfte des ersten Schuljahres.

Didaktischer Kontext

Es ist kein Zufall, daß jemand, der nicht recht gehört hat, erklärt: „Ich habe nicht verstanden." Hören ist immer zugleich verstehendes Hören. Grundsätzlich gilt, daß wir primär nicht Laute, Töne oder Geräuschkomplexe hören, sondern das Zirpen eines Vogels, das Rauschen des Bachs, den Schritt der Mutter, das Fahrzeug des Vaters. Auch wenn man das Geräusch von zersplitterndem Glas oder Geschirr hört, ist die Vorstellung nicht bei den unmittelbaren Geräuschen, sondern bei den Zusammenhängen, die in aller Regel vertraut sind oder die wir antizipieren können. Nur unter nahezu experimentellen Bedingungen und bei bewußtem Absehen von den Zusammenhängen können wir überhaupt sogenannte „reine Geräusche" hören. Das kann als Hinweis dafür gelten, daß sich lebendiges Verstehen primär immer auf Zusammenhänge bezieht und sich keineswegs bei direkten Wahrnehmungen aufhält.

„Es hört nur jeder, was er versteht" (Goethe). Sogar dort, wo undeutlich gesprochen wird oder die Sprache uns völlig fremd ist, hören wir in erster Linie unverständliche Worte und nicht etwa eine Vielzahl von akustischen Daten.

Über das Hören findet eine Wiederbegegnung mit der bereits erschlossenen Welt statt; von dieser Wiederbegegnung wird das Verstehen gesteuert, über Wiederholung und Analogie läßt es sich zunehmend verfeinern.

Um der Vielfalt des Themas gerecht zu werden, bieten sich unterschiedliche Zugangswege an, die je nach Klassensituation modifiziert (erweitert, vertieft) werden können.

Die drei Schwerpunkte mit zahlreichen Herausforderungen an eigenaktive Experimente der Kinder sind:

- *hören können*
- *hören und verstehen*
- *verstehen – sich verstehen*

✳ Was ist das für ein Geräusch?

Dieser Arbeitsvorschlag beinhaltet Geräusch- und Klangrätsel aus alltäglichen Zusammenhängen.

Organisation

Klassenarbeit

Material

Kassettenrecorder und Kassette mit aufgenommenen Alltagsgeräuschen (z. B. Klingeln eines Weckers, Öffnen des Wasserhahns, Haustür, die ins Schloß fällt, Toilettenspülung, Herunterlassen eines Rolladens, Klingeln des Telefons, Zuklappen eines Buches, Kläffen eines Hundes, Klappern einer Schreibmaschine, Hupen eines Autos ..., also ausschließlich vertraute Geräusche), Schreibutensilien

Unterrichtsideen	Hören – verstehen – sich verstehen

Durchführung Der Lehrer/die Lehrerin erklärt den Kindern, daß er/sie Geräusche aufgenommen habe, die es zu erraten gilt.

Die Kinder schreiben auf ein Blatt Papier untereinander die Zahlen 1 bis 10 für zehn Geräusche, die erraten werden sollen. Das erste Geräusch wird vorgespielt, z. B. das Klingeln eines Weckers. Wer es erkannt hat, schreibt auf sein Blatt: „Wecker". Haben die Kinder das erste Geräusch notiert, wird ein Kind an die Tafel gebeten, um das Geräusch zu benennen und es selbständig oder mit Hilfestellung anzuschreiben. Jedes Kind hakt auf seinem Blatt ab, wenn die Lösung stimmt ist. So werden alle Geräusche der Reihe nach identifiziert. Abschließend kann man durch wiederholtes Anhören des Bandes Geräusche und Stichpunkte nochmals vergleichen.

Wir packen den Tag in Geräusche

Dieser Arbeitsvorschlag kann als Hausaufgaben-Projekt durchgeführt werden. Er eignet sich eher für das zweite Schuljahr. Es kann für die Kinder eine reizvolle und herausfordernde Aufgabe sein, einen Tag durch seine gewohnten Geräusche zu gliedern und diese Geräusche auf einer Kassette festzuhalten. Denkbare Gliederung:

- Tagesbeginn: Vogelgezwitscher, Wecker oder Radiowecker ertönt (Zeitansage und Frühnachrichten)
- Frühstück: Klappern mit Geschirr und Besteck, Gähnen, Eingießen von Flüssigkeiten, Blättern in der Zeitung
- Schulbeginn: Klingelzeichen
- Unterricht: Fragmente aus einer Stunde
- Schulschluß: Geräusche und Gesprächsfetzen am Ausgang der Schule
- Schulweg: Verkehrslärm
- Mittagessen: Suppe löffeln usw.
- Nachmittag: Selbstgespräche bei den Hausaufgaben, Würfelspiel mit anderen Kindern, Fernsehgerät
- Abendbrot: Familiengespräch, Geräusche von Geschirr und Besteck
- Im Bett: Gähnen, in einem Buch blättern

Organisation Partner- oder Kleingruppenarbeit, Klassengespräch

Material aufnahmebereiter Kassettenrecorder mit Leerkassetten

Durchführung Vor dem Hintergrund des vorausgehenden Arbeitsvorschlags werden die Kinder gefragt, ob sie sich vorstellen könnten, selbst Geräusche als Rätsel auf Kassette aufzunehmen, z. B. derart, daß man herausfinden muß, ob ein Geräusch am Morgen, am Mittag oder am Abend zustandegekommen ist, oder ob man vielleicht sogar einen ganzen Tag in seinem zeitlichen Ablauf durch Geräusche darstellen kann. Die Kinder besprechen sich zu zweit oder in der Kleingruppe darüber, welche Geräusche in Frage kommen und notieren diese. Die Ergebnisse werden im Sitzkreis mitgeteilt oder aber auch geheimgehalten. Technische und organisatorische Fragen werden geklärt.

Als Alternative zur Hausaufgabe: Alle Geräuschquellen (Wecker, Geschirr, Besteck usw.) können in die Schule mitgebracht und innerhalb des Unterrichts in richtiger Reihenfolge als Tagesgeräusche produziert und aufgenommen werden. Die Kinder können sich als „Regisseure" bestätigen.

Variation Die Kinder erinnern sich an ganz bestimmte Geräusche, die ihnen persönlich vertraut sind, die aber nicht unbedingt jedes andere Kind kennt. Sie nehmen die Geräusche auf Kassette auf und machen daraus ein Rätselspiel für die ganze Klasse.

Unterrichtsideen — Hören – verstehen – sich verstehen

✳ Aus der Phantasie hören

Kinder können hier ganz konzentriert auf verschiedene Geräusche achten, die sie in ihrer Vorstellung hervorrufen. Sie können die Geräusche nacherleben und sich von Fall zu Fall vergewissern, welche Bedeutung sie damit verknüpfen.

Das Hervorrufen solcher Vorstellungen bedarf keiner besonderen Vorkenntnisse, auch wenn es in einer gewissen Verbindung zum sogenannten „katathymen Bilderleben" steht, einem Verfahren, das u. a. in therapeutischen Zusammenhängen sowohl bei Kindern als auch bei Erwachsenen eine wichtige Rolle spielt. Katathymes Bilderleben kann gesteuert, teilweise gesteuert oder völlig ungesteuert vorgenommen werden. Gemeint sind die durch Musik und/oder Sprache hervorgerufenen Bild- und Klangvorstellungen zu spezifischen Erlebnissen fiktiver oder realer Art mit oftmals großer Suggestivkraft.

Das Bild- bzw. Klangerleben in der Phantasie ist nicht jedem und nicht jederzeit sofort möglich. Deshalb ist es wichtig, daß Kinder, denen es nicht gelingt, sich in ihre Phantasie zurückzuziehen und entsprechende Bilder oder Klänge vorzustellen, nicht entmutigt werden. Ihnen sollte gesagt werden, daß etwas Übung zum Gelingen erforderlich ist und daß es beim nächsten Mal vermutlich schon besser klappt.

Das Phantasieexperiment setzt ein gewisses Vertrauensklima in der Klasse voraus; es dauert etwa 10 Minuten, die Auswertung ebenfalls etwa 10 Minuten. Es ist eher für das zweite Schuljahr geeignet.

Organisation — Einzelarbeit, Klassenarbeit

Material — evtl. Decken oder Matten zum Daraufliegen

Durchführung — Es muß sichergestellt sein, daß alle Kinder schon einmal auf einem Bauernhof waren. Sofern dies nicht der Fall ist, sollte man einen Unterrichtsgang als Voraussetzung für dieses Phantasiespiel einplanen.

Selbstverständlich kann man auch andere Orte wählen und auf ihre Geräusche hin abhören, z. B. Situation im Straßenverkehr, Jahrmarkt, Zoo, Werkstatt eines Handwerksbetriebes u. a. Allerdings lohnt es sich, gerade solche Geräusche zu thematisieren, die im Begriff sind, aus dem Lebensraum der Kinder zu verschwinden.

Wörtliche Anleitung durch den Lehrer/die Lehrerin (vgl. Vopel 1980, S. 50 ff.):

a) *„Ich will mit euch ein Spiel ausprobieren, bei dem ihr eure Ohren und eure Phantasie einsetzen müßt.*
Stellt euch bitte einen Augenblick hin und schließt die Augen ...
Jetzt nehmt die Arme in die Höhe und laßt dabei die Augen weiter geschlossen ...
Stellt euch jetzt auf die Zehenspitzen und versucht, mit den Fingerspitzen die Decke des Raums zu erreichen ... Versucht noch ein wenig höher zu greifen ... und noch ein wenig höher ... (10 Sek.)
Jetzt öffnet die Augen und setzt oder legt euch ganz bequem hin ... Sucht euch eine ganz bequeme Stellung ...
Jetzt schließt die Augen wieder und haltet sie auch für die nächste Zeit geschlossen, bis ich euch sage, daß ihr sie wieder aufmachen könnt ... Liegt oder sitzt ihr ganz bequem? ... Versucht es euch noch ein bißchen bequemer zu machen ...
Beginnt jetzt, etwas tiefer zu atmen als gewöhnlich, und stellt euch vor, daß ihr die Luft in die Beine und in die Arme einzieht ... Atmet auch gründlich aus, und achtet darauf, daß keine verbrauchte Luft in eurem Körper zurückbleibt ... (15 Sek.)

b) *Ich werde euch gleich auffordern, einmal verschiedene Formen des Hörens auszuprobieren. Achtet bitte zunächst darauf, welche Geräusche ihr in eurer Umgebung jetzt gerade hören könnt ...*

Welche Geräusche kommen von ganz weit her? ... Welche Geräusche kommen aus mittlerer Entfernung? ... Welche Geräusche kommen aus eurer direkten Umgebung ... (30 Sek.)

c) *Jetzt möchte ich, daß ihr nicht mehr so sehr auf die wirklichen Geräusche hört, sondern auf vorgestellte Geräusche, auf Phantasiegeräusche, auf Geräusche, die ihr woanders schon einmal gehört habt ...*
Stellt euch vor, daß wir alle zusammen auf einem Bauernhof sind ... Schaut euch dort um ... (15 Sek.)
Wir gehen in den Stall, wo die Kühe stehen, und wir schauen eine Kuh an, die gern gemolken werden möchte. Die Kuh wird gleich ihr Maul öffnen und uns anmuhen. Versucht einmal zu hören, daß die Kuh im Stall brüllt ... (15 Sek.)
Jetzt gehen wir weiter und kommen in einen anderen Stall. Hier gibt es viele Ferkel. Die Schweine sind hungrig, und gerade, wenn wir den Stall betreten, fangen sie an, zu quieken und zu grunzen. Versucht einmal, diese Geräusche zu hören ... (10 Sek.)
Jetzt gehen wir wieder aus dem Stall hinaus und kommen zu einem großen Freigehege für Hühner. Dort steht ein stolzer Hahn, umgeben von vielen Hennen. Der Hahn holt tief Luft, streckt den Kopf nach oben und kräht ein paarmal. Versucht zu hören, wenn der Hahn jetzt kräht ... (10 Sek.)
Jetzt gehen wir weiter und kommen zu einer Pferdekoppel. Ein Pferd bäumt sich gerade auf und wiehert laut. Versucht einmal, das Wiehern zu hören ... (10 Sek.)
Schaut euch jetzt noch einmal den ganzen Bauernhof an und sagt ihm dann Auf Wiedersehen. Ich möchte euch nämlich in der Phantsie von dem Bauernhof wegführen ...
Wir gehen jetzt weiter und kommen auf eine Dorfstraße ... Ein Trecker kommt herangefahren. Hört den Motor, wie der Diesel nagelnde Geräusche macht und der große Auspuff tuckert ... Der Trecker fährt vorbei und wird leiser ... (10 Sek.)
Wir gehen an das Ende des Dorfes. Dort gibt es eine Bahnlinie. Wir warten am geschlossenen Bahnübergang ... Wir hören aus der Ferne einen Zug herankommen, er wird immer lauter. Hört einmal das Geräusch des herankommenden Zuges ... Jetzt ist er bei uns und donnert vorbei ... Hört das Geräusch des leiser werdenden Zuges ... (10 Sek.)
Es ist Mittag. Wir hören die Kirchturmglocke zwölfmal schlagen. Hört einmal den Klang der Glocke ... (15 Sek.)
Nun bedeckt sich leider der Himmel, in der Ferne beginnt ein Gewitter. Hört den Donner leise grollen ... (10 Sek.)
Das Gewitter kommt näher, der Donner wird lauter ... Jetzt knallt ganz in unserer Nähe ein Blitz, und der Donner grollt gewaltig ... Es fängt an, in dicken Tropfen zu regnen. Wir laufen schnell in ein Gasthaus, um uns vor dem Regen zu schützen ... (15 Sek.)
Sagt dem Gasthaus nun Auf Wiedersehen und stellt euch auf etwas Neues ein...

d) *Laßt euch jetzt einige Geräusche selbst einfallen. Laßt euch zunächst ein ganz sanftes Geräusch einfallen, das ihr gut kennt ...*
Achtet genau auf dieses Geräusch ... Wo seid ihr, wenn ihr dieses Geräusch hört? ... Seid ihr allein? Ist jemand sonst dabei? ... Wie spät ist es? ... Wo hört ihr das Geräusch? ... Wie fühlt ihr euch, wenn ihr dieses Geräusch hört? ... Und wo in eurem Körper spürt ihr das Gefühl? Im Kopf? In den Schultern? Im Bauch? ... (10 Sek.)
Jetzt denkt an ein anderes Geräusch, an ein hartes Geräusch, das euch bekannt ist. Achtet genau auf dieses Geräusch ... Wo seid ihr, wenn ihr es hört? ... Seid ihr allein, mit einem anderen Menschen zusammen? ... Wie spät ist es? ... Wie fühlt

ihr euch, wenn ihr dieses Geräusch hört? ... Wo in eurem Körper bemerkt ihr dieses Gefühl? ... (10 Sek.)
Jetzt stellt euch das schönste Geräusch vor, das ihr kennt. Wer erzeugt es? ... Wann hört ihr es und wo? ... Wo in eurem Körper spürt ihr dieses Geräusch? ... (10 Sek.)

e) *Jetzt stellt euch die Frage: Wenn ihr euch selbst in ein Geräusch verwandeln könntet, welches Geräusch wäre das? ... (30 Sek.)*
Ich möchte, daß ihr in einer Minute die Augen wieder aufmacht, so daß wir darüber sprechen können, was ihr erlebt habt ... (1 Min.)"

Auswertungsgesichtspunkte (zur Auswahl):

- Wann habe ich mich besonders wohl gefühlt?
- Wann war ich besonders beunruhigt?
- Wie gut konnte ich mitmachen?
- Wie deutlich waren für mich die verschiedenen Geräusche?
- Welche Geräusche konnte ich mir besonders gut vorstellen?
- Was war nur schwer vorstellbar oder gar nicht?
- Wie entstehen Töne?
- Womit höre ich Geräusche?
- Warum ist es wichtig, daß wir zugleich gut sehen und gut hören können?
- Was würde passieren, wenn ich plötzlich nicht mehr hören könnte?
- Was wäre schlimmer für mich, nicht mehr zu sehen oder nicht mehr zu hören?
- Kenne ich Menschen, die nicht hören können?
- Bei welchen Gelegenheiten höre ich besonders aufmerksam und gut?
- Bei welchen Gelegenheiten höre ich weg und überhöre bestimmte Dinge?

Geräusch-Memory

Das Horchen auf versteckte (leise) Geräusche und Geräuschvergleiche stehen bei diesem Spiel im Mittelpunkt.

Organisation — Einzel- oder Partnerarbeit, Großgruppe (besonders geeignet im Rahmen von Freiarbeit)

Material — 20 Dosen (Sehr geeignet und kostenlos erhältlich in jedem Fotogeschäft sind die kleinen schwarzen Filmdosen, die zur Aufbewahrung von noch nicht entwickelten Filmen dienen; je zwei werden mit gleichem Inhalt gefüllt, z. B. mit Mehl., Sand, Getreidekörnern, Knöpfen, Stecknadeln, Büroklammern, Heftzwecken, Würfeln, Legosteinen, Murmeln, Wasser o. ä. Die Dosen werden fest verschlossen!), 10 Karten (DIN A7) mit je zwei aufgezeichneten Dosenumrissen

Durchführung — Ein Kind nimmt in jede Hand eine Dose und versucht herauszufinden, welche Dosen den gleichen Klang haben. Es stellt jedes ihm gleich erscheinende Klangpaar auf eine Karte. Es kontrolliert anschließend vorsichtig den Inhalt oder läßt die Dosen von einem anderen Kind überprüfen.

Variation — 20 Kinder: 2 mal 10 Kinder finden sich durch eigenes Abhören und Abhören bei anderen Kindern allmählich zu Paaren zusammen – wenn sie überzeugt sind, daß das jeweils andere Kind eine Dose mit gleichem Inhalt in der Hand hält.
- Welches Paar macht die tiefsten Geräusche?
- Was ist wohl in den Dosen drin?

Unterrichtsideen — Hören – verstehen – sich verstehen

✳ Meisterspiele

Bei den Meisterspielen geht es um das Verstehen von Instruktionen, um deren Ausführung und um die anschließende Kontrolle. Die Kinder lernen dabei, genau auf Anweisungen zu hören und diese durch entsprechende Handlungen umzusetzen. Man kann diese Form des Hörens und Durchführens von Instruktionen in produktorientierte Zusammenhänge einbetten, oder aber man kann sie zu einer rein spielerischen Übung machen, in der es ganz bewußt nicht um ein Produkt geht, sondern ausschließlich um das zielgenaue Hören und das Beweisen des Verständnisses, wobei alle Kinder sehr genau darauf achten, daß die Aufgaben präzise durchgeführt werden.

Erfahrungsgemäß haben besonders Kinder des ersten Schuljahres hieran besonderen Spaß.

✳ Seifenblasen

Organisation Gruppenarbeit (4–5 Kinder)

Material Seifenflocken, Glyzerin in einer Flasche mit Tropfverschluß, für jedes Kind ein Becher und ein (möglichst dicker) Kunststoffhalm, Arbeitsanweisungen, Scheren

Durchführung Ein Kind in jeder Gruppe liest schrittweise die Anleitung vor; die anderen Gruppenmitglieder setzen die Anweisungen um:
1. *„Füllt Wasser in euren Becher!*
2. *Löst darin etwas Seife auf!*
3. *Gebt drei Tropfen Glyzerin dazu!*
4. *Verrührt den Inhalt gleichmäßig!*
5. *Nehmt einen Halm, spaltet ein Ende in vier Teile und biegt die Teile nach außen um!*
6. *Taucht den Strohhalm mit dem gespaltenen Teil in die Seifenlösung und macht am offenen Fenster die schönsten Seifenblasen!"*

✳ Hören und Handeln

Organisation Partner- und Klassenarbeit

Material Regal mit sechs Fächern (evtl. aus Pappkartons), farbige Tücher oder Papierbogen, sechs verschiedene Gegenstände für die einzelnen Regalfächer, z. B.

| Hammer | Schraubenzieher | Säge |
| Meterstab | Zange | Nägel |

Durchführung Instruktion: *„Tim, hole aus dem Fach links oben den Gegenstand, den du dort findest (und lege ihn auf das blaue Tuch)."* Tim: *„Ich hole aus dem Fach links oben den Hammer (und lege ihn auf das blaue Tuch)."* Der entsprechende Gegenstand wird auf das Tuch gelegt. Kann das Kind den Auftrag richtig ausführen und dazu korrekt sprechen, ist das nächste Kind an der Reihe.

Hierbei geht es neben dem richtigen Beachten der Instruktion (Übung der Begriffe „links oben", „in der Mitte oben", „rechts oben", „links unten", „in der Mitte unten", „rechts unten") ebenso um das Koordinieren von Instruktionen, wie z. B.:
„Lisa, nimm Jan an der Hand, geht an das Fach rechts unten, nehmt heraus, was sich darin befindet und legt es auf das rote Tuch." Eines von beiden Kindern spricht, z. B. Lisa: *„Ich nehme Jan an der Hand, wir gehen an das Fach rechts unten, nehmen die Nägel heraus und legen sie auf das rote Tuch."*

Nach wenigen Beispielen übernehmen Kinder die Instruktion. Der Rest der Klasse hört ganz genau zu, ob sich eventuell Fehler einschleichen.

| Unterrichtsideen | Hören – verstehen – sich verstehen |

Variationen   Neben sprachlichen Differenzierungen und Erweiterungen in der Aufgabenstellung ist z. B. auch der Austausch eines Gegenstandes durch mehrere andere Gegenstände (Aufzählung!) möglich.

Die Kinder können auch – mit Musikbegleitung – nach Instruktion durch den Raum gehen:
- voreinander *(„Hanna geht vor Sven, Sven geht vor Jennifer ..."*)
- nebeneinander *(„Renate geht neben Ali, ..."*)
- hintereinander *(„Susanne geht hinter Paul, ..."*)
- miteinander *(„drei Kinder gehen Hand in Hand"*)

✸ Treffpunkt

Durchführung   An die Wandtafel wird ein dicker Punkt gezeichnet, darum ein Kreis. Ein Kind versucht nun, mit verbundenen Augen nach Anweisung eines anderen Kindes den Punkt oder den Kreis mit dem Finger zu treffen. Anweisungen: *weiter nach links, weiter nach rechts, etwas höher, etwas tiefer, geradeaus* usw.

✸ Suchen durch Hören

Durchführung   Ein Kind verläßt das Klassenzimmer. Im Klassenzimmer selbst wird ein Gegenstand versteckt, z. B. ein roter Radiergummi. Das Kind wird hereingerufen und muß diesen Gegenstand suchen, während die anderen Kinder ein allen gut bekanntes Lied singen. Das suchende Kind läßt sich von der Lautstärke des Gesangs leiten. Je leiser die Klasse singt, desto weiter ist das suchende Kind vom Gegenstand entfernt. Je lauter das Lied ertönt, desto näher ist es dem Versteck.

✸ Dreieck – Kreis – Quadrat

Für diese Übungen sollten die Kinder die Begriffe für die geometrischen Formen kennen.

Organisation   Einzel- und Partnerarbeit, Klassengespräch

Material   Aufgabenblatt, Scheren, evtl. zusätzliche geometrische Formen (Raute, Trapez, Ellipse), Spielfiguren

Durchführung   Zuerst werden gegebenenfalls nochmals die Begriffe geklärt (Viereck oder Quadrat, Dreieck, Kreis).
Ein Kind gibt nun die Instruktionen, z. B.: *„Wir setzen unseren Spielstein auf das Viereck (Quadrat) in der mittleren Reihe. Überprüft es bei euren Nachbarn! Jetzt setzen wir den Spielstein in das Dreieck links unten, jetzt in den Kreis rechts oben."*
Nach drei Anweisungen ruft das Kind ein anderes auf, das die Instruktionen gibt.

Variationen   Das Aufgabenblatt eignet sich auch zum Ausschneiden und zum Erproben aller denkbaren Kombinationen in einer Reihe. Dies kann auch in Partnerarbeit erfolgen, indem sich die Kinder mit den Anweisungen abwechseln.

Darüber hinaus kann man Figuren legen lassen mit den ausgeschnittenen geometrischen Teilen des Aufgabenblattes, und zwar ebenfalls in Partnerarbeit. Die Partner sitzen mit dem Rücken gegeneinander. Ein Kind gibt die Anweisungen und legt auch für sich die entstehende Figur. Es darf nicht zurückgefragt und auch von den Beobachtern außen herum nicht gesprochen werden. Die Beobachter achten darauf, wie die Anweisungen verstanden werden und auf welche Weise sich Fehler einschleichen.
Bei dieser Aufgabe wird für alle sichtbar, wie schwierig es ist, Instruktionen genau zu beachten, aber auch was es heißt, sorgfältige Instruktionen geben zu können.

Die Aufgabe wird interessanter, wenn zusätzlich andere geometrische Formen zur Verfügung stehen.

✳ Auf dem Fahrrad

Organisation Partnerarbeit, szenisches Spiel, Klassengespräch

Material Text, eventuell Requisiten

Durchführung Der Lehrer oder die Lehrerin gibt zwei Kindern folgenden Text aus mit der Bitte, ihn genau durchzulesen und sich Gedanken darüber zu machen, wie man diese kurze Szene spielen könnte:

„Hallo,

an deinem Fahrrad klappert das Schutzblech."

„Was?"

„Es klappert dein Schutzblech!"

„Wie bitte?"

„Dein Schutzblech klappert!"

„Entschuldige, ich verstehe dich nicht, mein Schutzblech klappert!"

Die Kinder klären ihr Textverständnis im Flüsterton mit dem Lehrer oder der Lehrerin und spielen die Szene anschließend vor. Durch die zunehmende Lautstärke beim Sprechen dokumentieren sie zugleich, daß sie auch die Symbolisierung der größer werdenden Schrift verstanden haben.
Andere Kinder spielen die Szene vielleicht auf dem Schulhof und mit Fahrrädern ebenfalls nach, wobei die räumliche Entfernung verändert werden kann.

✳ Wege zur Toleranz
(Diese Unterrichtssequenz ist für das Ende des 2. Schuljahrs gedacht!)

Verständnis oder Unverständnis für unsere Mitmenschen hängen in großem Maße vom Training geistiger Möglichkeiten ab, Verhaltensweisen und Beziehungen bei anderen und bei uns selbst neu und anders zu sehen als bisher. Erst auf dieser (einsichtigen) Grundlage können Versuche unternommen werden, das Verhalten anderer Menschen dadurch zu beeinflussen, daß wir unser eigenes Verhalten ganz bewußt zu verändern suchen und die sich daraus ergebenden Wirkungen auf andere ausprobieren.
Als Ausgangspunkt für solches Training eignet sich folgender Text:

Unterrichtsideen Hören – verstehen – sich verstehen

Das Märchen vom Anderssein

Es waren einmal ein trauriger Mann und eine traurige Frau.
Weil sie beide so traurig waren und sich so gut verstanden,
heirateten sie und bekamen traurige Kinder.
Die wiederum gewöhnten sich so an das Traurigsein,
daß sie sogar traurig waren,
wenn sie einmal nicht traurig waren.
Deshalb heiratete die traurige Tochter der traurigen Eltern
wieder einen traurigen Mann,
und der traurige Sohn heiratete eine traurige Frau.
Sie bekamen wieder viele traurige Kinder.
Ein glückliches jedoch war dabei,
aber davon wollte niemand sprechen.
Es war ein glücklicher Junge,
und er wurde glücklicher, je älter er wurde.
Als er schließlich ein glücklicher Mann war,
rief er eines Tages die ganze Verwandtschaft zusammen
und fing an zu reden:
Meine lieben traurigen Verwandten.
Es tut mir sehr leid, daß ich nicht traurig sein kann,
aber ich bin so glücklich darüber, daß ich glücklich bin,
daß ich gern eine glückliche Frau heiraten will,
die mir glückliche Kinder schenkt.
Ihr braucht mir nicht böse sein,
wenn ich euch jetzt verlassen werde,
denn es hat sein Gutes.
Ihr werdet traurig sein und ich glücklich!

Unbekannter Verfasser

Organisation Einzelarbeit, Klassengespräch

Material Aufgabenblatt, eventuell Klebstoff und Papier zum Aufkleben

Durchführung Es gibt verschiedene Möglichkeiten, wie man Kinder an diesen Text heranführen kann. Die Methode ist abhängig von der Klassensituation und der damit verbundenen sozialen und kognitiven Ausgangslage der Kinder.
Die Lehrerin oder der Lehrer liest den Kindern den Text vor oder gibt ihn zum stillen Lesen aus. Ebenso ist es möglich, den Text in mehrere Abschnitte zerschnitten an die Kinder auszuteilen. Die Kinder lesen die Absätze und bringen sie in die richtige Reihenfolge. Nach einem klärenden Gespräch werden die Textteile aufgeklebt. Somit haben die Kinder die Handlungsfolge des Märchens bereits erfaßt.
Ein Interpretationsversuch kann unter dem Leitgedanken „Manchmal ist es wichtig, anders zu handeln als die anderen" (Tafel) unternommen werden. Das Verständnis für diesen Zusammenhang ermöglicht es den Kindern, kleine Vorfälle oder Geschichten zu erinnern und zu erzählen, in denen auch jemand anders gehandelt hat als die anderen (und dadurch zu neuem Selbstverständnis gelangt ist).
Dies sollte auch als Langzeitaufgabe begriffen werden, bei welcher die Struktur der Berichte mit der Struktur des Textes verglichen, Abweichendes erfaßt und Vergleichbares herausgestellt werden kann.

Unterrichtsideen   Hören – verstehen – sich verstehen

Gegen Ende des zweiten Schuljahres sind viele Kinder hierzu durchaus in der Lage. Meistens lohnt es sich, einen weiteren Text oder ein Lied ins Spiel zu bringen, um das Verständnis zu überprüfen oder zu vertiefen.

Hierzu würde sich im vorliegenden Kontext folgendes Gedicht sehr gut eignen:

Grau und Rot

Ein verirrter Esel lachte
sich im Walde beinah tot,
denn vor ihm auf einem Baume
saß ein Eichhorn, feuerrot.

Brüllend, prustend, quiekend, kichernd
rief er: „So was sah ich nie!
Ha! I-a! Wie ist das komisch!
Rote Haare hat das Vieh!"

Lassen wir den Esel kichern!
Das gescheite Eichhorn spricht:
„Über rote Haare lachen
nur die Esel!" – Oder nicht?

Zbigniew Lengren (Polen)

Ebenso paßt zu dieser Thematik das Lied „Im Land der Blaukarierten" (Quartett – Lieder heute, Stuttgart 1994).

Der Ton macht die Musik

Die Art und Weise, wie man den Namen einer Person ausspricht (Tonfall) signalisiert dem Angesprochenen mehr als lediglich eine Namensnennung.
Auf spielerischem Wege lassen sich die Kinder, die alle bereits eigene Erfahrungen mit diesem Phänomen gemacht haben, hierfür noch stärker sensibilisieren.

Organisation   Klassenspiel

Material   Sprechanweisungen auf Zetteln

Durchführung   Verschiedene Kinder erhalten kurze Sprechanweisungen dafür, einen Namen in einem bestimmten Tonfall auszusprechen, z. B. freundlich, tröstend, liebevoll, sorgenvoll, fragend, wütend, weinerlich, drohend, warnend, bittend, …
Die übrigen Kinder raten die Intention.

Lokomotive mit Anhängern

Mit diesem Spiel kann man mehrere Intentionen verknüpfen. Kombiniert wird das Hören auf Instruktionen mit Phasen der Bewegung und der Ruhe im Klassenzimmer (vgl. Kühnenberger 1984, S. 86).

Durchführung   Ein Kind stellt die Lokomotive dar und läuft langsam durch den Klassenraum. Der Lehrer oder die Lehrerin benennt nacheinander namentlich die anderen Kinder als Anhänger, die sich daraufhin an die Lokomotive hängen. Der Reihe nach werden die angehängten Wagen wieder aufgerufen, um sich abzukoppeln und an ihren

Platz zurückzukehren. Zuletzt kehrt die Lokomotive auf ihren Platz zurück. Es folgt eine Ruhepause, in der alle ganz still sind. Falls ein „Anhänger" das Spiel stört, wird er für „kaputt" erklärt und vorzeitig zur Inspektion auf seinen Platz zurückgeschickt.

Fragt man am nächsten Tag, ob der „beschädigte Anhänger" wieder in Ordnung ist, wird das erfahrungsgemäß bejaht, und man kann das Spiel meist ohne Zwischenfall wiederholen. Da die „Inspektion kaputter Wagen" gewissermaßen zur Spielregel gehört, wird sie von den Kindern wie selbstverständlich angenommen.

Pantomime

In den Zusammenhang von „verstehen – sich verstehen" gehört auch das Darstellen selbst ausgedachter alltäglicher Tätigkeiten in Form von Pantomimen und das Erraten durch die anderen Kinder.

Organisation   Klassenspiel

Durchführung   Täglich müssen die Kinder bestimmte Dinge erledigen, an die sie sich nun erinnern sollen. Jedes Kind überlegt sich eine solche Alltagstätigkeit und führt sie dann ohne Worte (pantomimisch) vor. Alle anderen sehen genau zu und versuchen festzustellen, um welche Tätigkeit es sich handelt.

Ein Kind tut z. B. so, als ob es in eine Hand einen Bleistiftspitzer nimmt, in die andere den Bleistift, diesen dann in den Spitzer steckt und herumdreht. Anschließend wird der Bleistift wieder herausgezogen und die Spitze geprüft. Andere Kinder versuchen „Saft trinken", „Spaghetti essen", „Zähne putzen", „Tisch decken" und vieles andere darzustellen, was ihnen täglich begegnet, was sie erleben oder beobachten.

Variation   Die mimische Kette:
Drei oder vier Kinder verlassen den Raum. Gemeinsam wird nun überlegt, was ein Kind pantomimisch vorführen könnte, also z. B. „Fahrrad putzen", „Den Hund baden" usw. Nun wird das erste Kind wieder hereingeholt, und die vereinbarte Pantomime wird ihm vorgespielt. Danach wird das zweite Kind hereingeholt, und nun muß sein Vorgänger versuchen, das pantomimisch nachzuspielen, was er gesehen hat oder besser: glaubt, gesehen zu haben. Danach folgt das dritte Kind und dann das letzte. Dieses muß nun nach seinem Spiel erzählen, was es vorgespielt hat.
Man kann nun zurückverfolgen, an welchen Stellen etwas anderes vermutet wurde, wo also die Abweichungen vom ursprünglichen Thema entstanden sind.

2.11 Leben mit Tieren

Ziele

Die Kinder haben je nach Lebensraum unterschiedliche Erfahrungen mit Tieren. Diese bilden die Voraussetzung dafür, die Kenntnisse über verschiedene Tierarten zu erweitern, ihre Lebensgewohnheiten und Bedürfnisse zu erforschen und die Eigenheit einzelner Tiere zu begreifen. Die Kinder entdecken die Vielfalt in der Tierwelt und die Zusammenhänge innerhalb natürlicher Lebensgemeinschaften. Dabei kommt der Rolle des Menschen, seinem Verhältnis zu Tieren und seiner Bereitschaft zum Engagement große Bedeutung zu. Aufgrund der Problematisierung des Themas ist es eher für das zweite Schuljahr geeignet.

Didaktischer Kontext

Die Zuneigung von Kindern zu Tieren ist unübersehbar. Während sich die Hinwendung zu manchen Tieren auf Neugierde und Staunen konzentriert, ist beim Umgang mit anderen Tierarten eine geradezu anthropomorphe Sichtweise zu beobachten. Kinder sprechen mit Tieren, behandeln sie wie Spielgefährten, und nicht selten teilen sie auch das Bett mit ihnen. Eine derartige Einstellung birgt natürlich auch die Gefahr, daß Tiere nicht artgerecht gehalten werden, daß sie z. B. falsch ernährt oder zu sehr beengt werden. Darüber hinaus kann auch ein falsches Bild von einem Tier entstehen, was ein Kind spätestens dann merkt, wenn z. B. die geliebte Katze einen Vogel fängt und tötet.

Das Leben mit Tieren ist vielseitig: Es geht nicht nur darum, biologische Kenntnisse zu erwerben, sondern auch darum, Emotionen zu kontrollieren, richtig einzuordnen und zu verarbeiten, welche durch verschiedene Erlebnisse und Erfahrungen mit Tieren entstehen. Da im Sachunterricht die Sachinformationen hierzu im Mittelpunkt stehen, die Thematik in allen Fibeln und Lesebüchern auch eine poetische Dimension erfährt und das Leben mit Tieren auch im Religionsunterricht thematisiert wird, orientieren sich die Vorschläge an dieser Stelle an Erfahrungen mit Tieren, die zwar alltäglich, aber dennoch realistisch bzw. natürlich sind.

✻ Erlebnisse mit Tieren

Die persönlichen Erlebnisse mit Tieren bilden die Grundlage für das Verständnis von Sachzusammenhängen, die einerseits auf biologischen Erkenntnissen basieren, andererseits aber auch Beziehungen zwischen Mensch und Tier beinhalten. Die noch stark ausgeprägte anthropomorphe Sichtweise von Tieren, die bei Schulanfängern zu beoachten ist, bestimmt die emotionale Einstellung der Kinder. In positiver Hinsicht werden die Tiere deshalb als enge Gefährten und Freunde erlebt, umgekehrt aber auch als bedrohlich oder böse. Gespräche können hier allmählich eine objektivere Sicht herbeiführen, ohne daß dadurch das gute Verhältnis gestört wird.

Organisation

Gesprächskreis

Durchführung

Am Anfang des Gespräches könnten Kinder von Haustieren erzählen, die sie selbst besitzen. Sie berichten von der Lebensweise dieser Tiere, ihrer Versorgung, ihren Eigenarten und den Umgangsformen mit ihnen. Wenn ein Tier in den Unterricht mitgebracht wird, ist es nötig, daß die Kinder vorbereitet werden, damit aus der Begegnung keine Tierquälerei wird. Lärm und zu große Nähe vieler Kinder können Tiere verängstigen. Die Beobachtungen sollen ergänzt werden durch unterschiedlichste Erfahrungen, die auch andere Kinder mit Tieren gemacht haben. Positive und negative Beispiele werden verglichen, und es wird nach den Ursachen für derartig gegensätzliche Erfahrungen gefragt. Aus den Erkenntnissen lassen sich dann einige allgemeingültigen Verhaltensregeln ableiten, welche sich auf den Umgang mit verschiedenen Tieren beziehen können.

Die Kinder können ihre Erlebnisse mit Tieren auch frei aufschreiben. Durch anschließende Schreibkonferenzen werden die Texte verbessert und vielleicht zu einem klasseneigenen Tierbuch zusammengestellt.

Ein Tierarzt/eine Tierärztin erzählt

Die Arbeit des Tierarztes erstreckt sich bei der Versorgung von Tieren im wesentlichen auf zwei Arbeitsfelder: die Prophylaxe und die Behandlung erkrankter Tiere. Die Kinder müssen wissen, daß es sich bei den Haus- oder Heimtieren um domestizierte Tiere handelt, deren Lebensweise sich an den ursprünglichen Lebensformen orientieren muß. Das Stichwort „artgerechte Haltung" ist Ausdruck für diese Orientierung, die sich auf Bewegungsmöglichkeit, Ernährung, Zuwendung und Vermehrung bezieht. Selbst bei guten Lebensbedingungen können aber auch – wie beim Menschen – Erkrankungen auftreten, deren Symptome man durch sorgfältige Beobachtung früh erkennen und dann um so besser behandeln kann. Die Symptome lassen sich als Abweichung von den normalen Verhaltensweisen beobachten, z. B.: Frißt das Tier nicht mehr? Stimmt die Verdauung nicht? Ist das Tier lustlos? Bewegt es sich nicht mehr wie sonst? Aber nicht alle Veränderungen dürfen mit Krankheitssymptomen in Zusammenhang gebracht werden. Bei manchen Tieren bringt der Fell- oder Gefiederwechsel im Herbst ein besorgniserregendes Aussehen mit sich, ist aber eine natürliche und ursprüngliche Vorbereitung auf die kalte Jahreszeit, selbst dann, wenn die Tiere nun in der Wohnung leben. Artgerechte Pflege ist die Grundvoraussetzung für die Tierhaltung!

Organisation   Gesprächskreis, eventuell Unterrichtsgang

Durchführung   Es ist sinnvoll, das Gespräch mit dem Tierarzt dadurch vorzubereiten, daß bei den Erlebnisschilderungen der Kinder mit Tieren Fragen notiert werden, die offen bleiben und die die Lehrerin oder der Lehrer auch nicht unbedingt beantworten sollte. Der Tierarzt muß die Informationen in einer ersten oder zweiten Klasse ganz konkret gestalten, indem er von erlebten Fällen ausgeht und diese dann durch zutreffende Illustrationen verdeutlicht. Eine Absprache über das Ziel des Unterrichtsbesuchs mit dem Tierarzt sollte vorweg erfolgen. Vielleicht ist es auch möglich, eine Tierarztpraxis zu besuchen.

Besuch im Tierheim

Nicht überall bietet es sich an, dieses Vorhaben zu realisieren. Grundsätzlich muß man mit der ganzen Problematik behutsam umgehen: Der Begriff „Heim" gibt der Einrichtung einen viel zu positiven Anstrich. In Wirklichkeit handelt es sich um ein Asyl, in dem Tiere als Opfer von Menschen Zuflucht finden, um wenigstens überleben zu können. Zumeist haben die Tiere eine Vorgeschichte, die Spuren in ihrem Wesen hinterlassen hat. Diese negative Perspektive macht es um so deutlicher, wie wichtig der verantwortungsvolle Umgang mit Haustieren ist.

Organisation   Gesprächskreis, Unterrichtsgang

Durchführung   Noch viel mehr als der Besuch durch den Tierarzt bedarf der Besuch eines Tierheims der Vorbereitung. Es kann nicht darum gehen, über die Erregung von Mitleid möglicherweise auf die Übernahme eines Tieres aus dem Tierheim hinzuwirken. Es soll im Gegenteil eher die Erkenntnis vermittelt werden, daß der Wunsch nach einem Tier – zumeist ist es ein Hund – gerade mit Rücksicht auf das Tier nicht erfüllt werden darf, wenn die erforderlichen Lebensbedingungen nicht stimmen. Darüber hinaus muß deutlich werden, daß Tierhaltung gelegentlich auch Verzicht erfordert, insbesondere dann, wenn die Erfüllung eigener Wünsche dem Wohlergehen und der artgerechten Haltung zuwiderläuft. Der Besuch im Tierheim soll zeigen, was mit Tieren geschehen kann, wenn Menschen sie ohne gründliche Überlegung angeschafft haben. Er soll aber auch sichtbar machen, wie die nicht artgerechte, häufig sogar lieblose Tierhaltung bei den Heimtieren Spuren hinterlassen hat, die eine häusliche Aufnahme erschweren und viel Zuwendung und Geduld erfordern.

Tod eines Haustieres

Todeserfahrungen sind Teil des menschlichen Lebens. Auch Kinder werden davon betroffen. Es muß dabei nicht immer der Verlust eines nahestehenden Menschen sein, der dem Kind den Tod als leidvolle Erfahrung erscheinen läßt. Gerade die Nähe des Kindes zum Tier kann es dessen Verlust in ähnlich schmerzhafter Weise erleben lassen wie den Verlust eines Menschen. Zwar ist der Tod rational einfach zu erklären, die Bewältigung des Erlebnisses ist damit jedoch nicht geleistet. Dennoch braucht dieses Thema kein Tabu für die Kinder zu sein.

Inga

Als Inga aus der Schule nach Hause kam,
war der Vater so komisch.
„Ist etwas?" fragte sie.

„Es ist etwas Trauriges passiert.
Dein Häschen ist tot."
sagte er.

Einige Augenblicke war Inga ganz still,
dann füllten sich ihre Augen mit Tränen.
Der Vater nahm sie in die Arme.

„Wo ist Nischka?
Kann ich ihn sehen?"
fragte sie.

„Ich habe ihn draußen im Garten
zwischen den beiden Büschen begraben",
sagte der Vater.

„Ich hätte ihn doch so gern
noch einmal gesehen",
sagte Inga und ging hinaus.

Nach einiger Zeit kam sie zurück
und ging in ihr Zimmer.

Arnold Grömminger

Unterrichtsideen	Leben mit Tieren

Zum Text	Der Text schildert eine derartige Todeserfahrung. Der Vater muß der kleinen Tochter das Unglück mitteilen. Dabei leidet er selbst, wobei sein Leiden wohl eher daher rührt, daß er der Vermittler der traurigen Nachricht ist und weiß, wie sehr sie seinem Kind wehtun wird. Die Reaktion des Mädchens ist entsprechend, die tröstende Gebärde des Vaters eine Antwort. Doch dann kommt etwas für den Vater Unvorhergesehenes: Inga möchte das tote Tier noch einmal sehen, der Vater hat es jedoch bereits begraben, wohl um ihr den leidvollen Anblick zu ersparen. Die Schlußzeilen sind knapp und ohne Pathos; es wird nicht beschrieben, wie Inga sich von ihrem Hasen verabschiedet, ebenso bekommt sie das Recht auf Alleinsein mit ihrem Schmerz.

Organisation	Klassenarbeit, Sitzkreis

Material	Textblatt

Durchführung	Wenn bereits ein Gespräch mit dem Tierarzt stattgefunden hat, bedarf es keiner ausführlichen Einführung in das Thema. Ansonsten könnte ein einführendes Gespräch in den Text von Gefahren für Haustiere ausgehen, z. B. durch Krankheiten und durch andere Tiere, vor allem aber durch den Straßenverkehr. Nun sollen die Kinder den Text still lesen und danach ihre Eindrücke wiedergeben. Das Verhalten der beiden Personen wird beobachtet und kommentiert. Dabei geht es nicht um ein abschließendes Urteil darüber, was in dieser Situation richtig ist und was nicht, sondern nur darum, daß Trost einerseits, Respektierung der Gefühle andererseits die erforderlichen Umgangsweisen mit einem leidvollen Erlebnis sind. Abschließend können die Kinder eigene ähnliche Erfahrungen mitteilen.

Schafherde auf der Wiese

Es gibt vielfältige Möglichkeiten, mit unterschiedlichen Materialien Tierbilder zu gestalten. Das Schaf als Einzeltier beeindruckt Kinder weniger, Schafherden hingegen üben auf sie etwas Faszinierendes aus. Daß zur Herstellung Wolle verwendet wird, macht den Bezug zum gestalteten Tier noch deutlicher.

Organisation	Einzelarbeit, Klassenarbeit

Material	großer Bogen dunkelgrünes Papier, Zeichenpapier und -stifte, ungesponnene Wolle oder farblich passende Wollreste, Scheren, Klebstoff

Durchführung	Die Kinder zeichnen selbst Schafe (Umrisse) auf weißes Papier. Sie bekleben die Schafe mit Wolle, schneiden sie aus und kleben sie auf das grüne Papier, auf dem der Schäfer und sein Hund schon auf ihre Herde warten (von der Lehrerin oder dem Lehrer bereits aufgeklebt oder gezeichnet). Natürlich lassen sich auch andere Tiergruppen in Gemeinschaftsarbeit darstellen, z. B. Hühnerhof, Schmetterlinge o. ä.

Literatur

Baur-Traber, Ch./Frei, H. u. a.: *Ausdrucksspiel aus dem Erleben 1.* Bern 1984

Cratzius, B.: *... und alle gehen wir zur Krippe. Spiele für die Advents- und Weihnachtszeit.* Lahr-Dinglingen 1987

Cratzius, B./Könemund, G.: *Theaterstücke zur Weihnachtszeit.* Ravensburg 1990

Deinhofer, P. (Hrsg.): *Weihnachtliche Zeit.* München 1991

Die Grundschulzeitschrift 64/1993

Die Grundschulzeitschrift 66/1993

Frei, H.: *Jeux Dramatiques mit Kindern 2.* Bern o. J.

Grömminger, A. (Hrsg.): *Spieltexte 2.–4. Schuljahr.* Stuttgart 1981

Gümbel, R.: *Meine eigenen Wörter.* In: Grundschule 6/1977. S. 268–273

Gümbel, R.: *Lesenlernen an eigenen Wörtern.* In: Grundschule 7/1983. S. 16–18

Heidenreich, M.: *Drucken im Klassenzimmer.* In: Grundschule 1/1994. S. 47

Hilliger, E.: *Drucken und Buchbinden im Unterricht.* In: Grundschule 1/1994. S. 48

Hitzelberger, P. (Hrsg.): *Wo, bitte, geht's nach Bethlehem?* Stuttgart 1993

Holly, W./Schwander, M.: *Spielen im Deutschunterricht II. Sprachliches Handeln und Kommunizieren.* Heinsberg 1987

Krenzer, R. (Hrsg.): *Kerzen leuchten überall.* Limburg 1991

Krenzer, R.: *Weihnachten ist nicht mehr weit.* Limburg 1986

Kühnenberger, E.: *Die Erfahrung der Stille als Hilfe zur Bewältigung erzieherischer Aufgaben.* In: Burk, K. (Hrsg.): Kinder finden zu sich selbst. Frankfurt 1984, S. 86

Moeller-Andresen, U.: *Das erste Schuljahr – Unterrichtsmodelle.* Stuttgart 1973

Piaget, J.: *Sprechen und Denken des Kindes.* Frankfurt/Main 1983

Schwander, M.: *Spielen im Deutschunterricht I. Richtig Lesen und Schreiben.* Heinsberg 1984

Sennlaub, G.: *Spaß beim Schreiben oder Aufsatzerziehung.* Stuttgart 1980

Vopel, K. W.: *Interaktionsspiele für Kinder.* Hamburg 1980

Das bin ich!

Ich heiße_____

Hier bin ich gern

Ich habe mehrere Namen

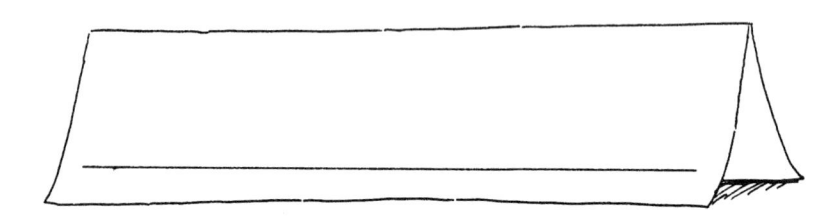

Ich möchte _____ genannt werden.

Schenk mir deinen Namen!

4

Diese Menschen mag ich sehr:

Besonders liebe ich diese Sachen:

Ganz verrückte Wünsche

Ein freundliches Wort ist
wie eine Brücke.

Ziffern in unserer Umgebung

Formen in unserer Umgebung

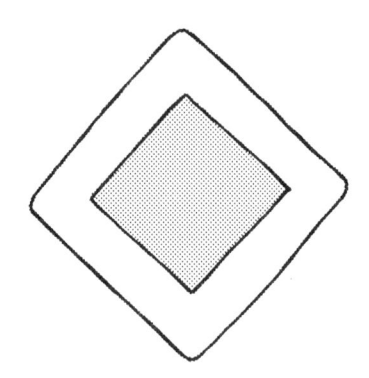

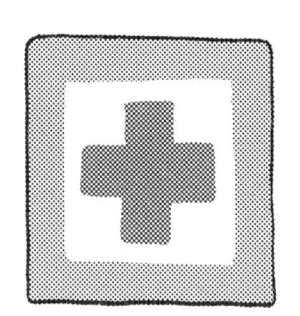

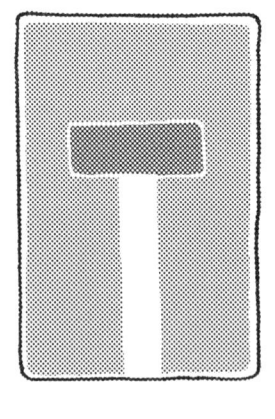

Rennbahn

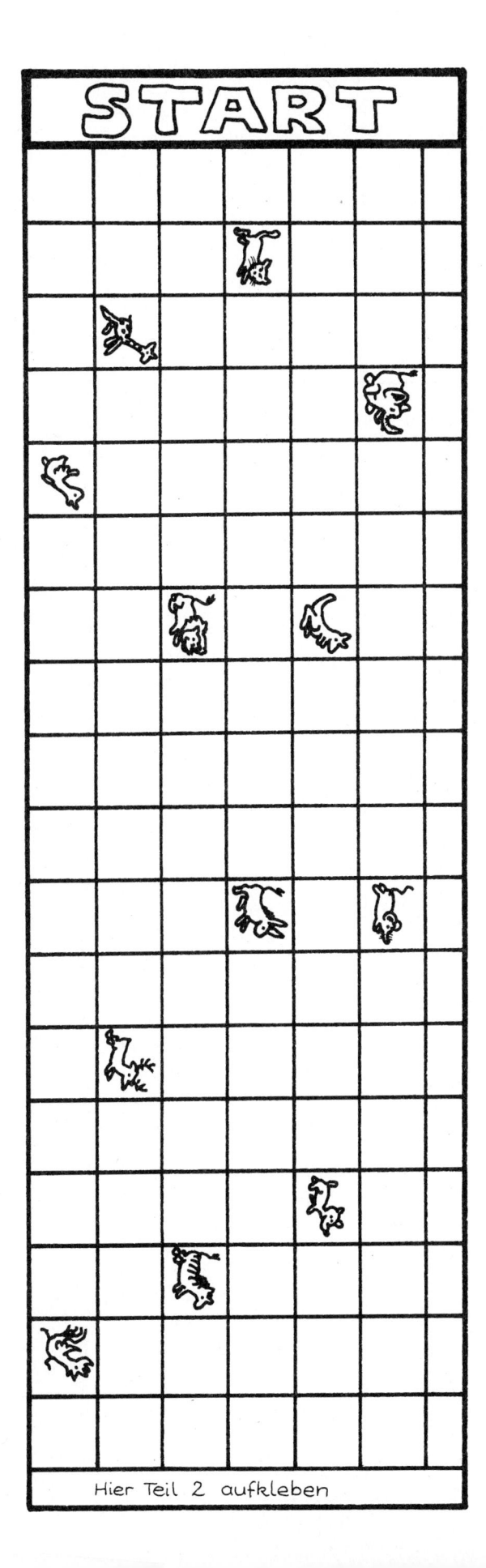

Hier Teil 2 aufkleben

Mosaik 1

Mosaik 2

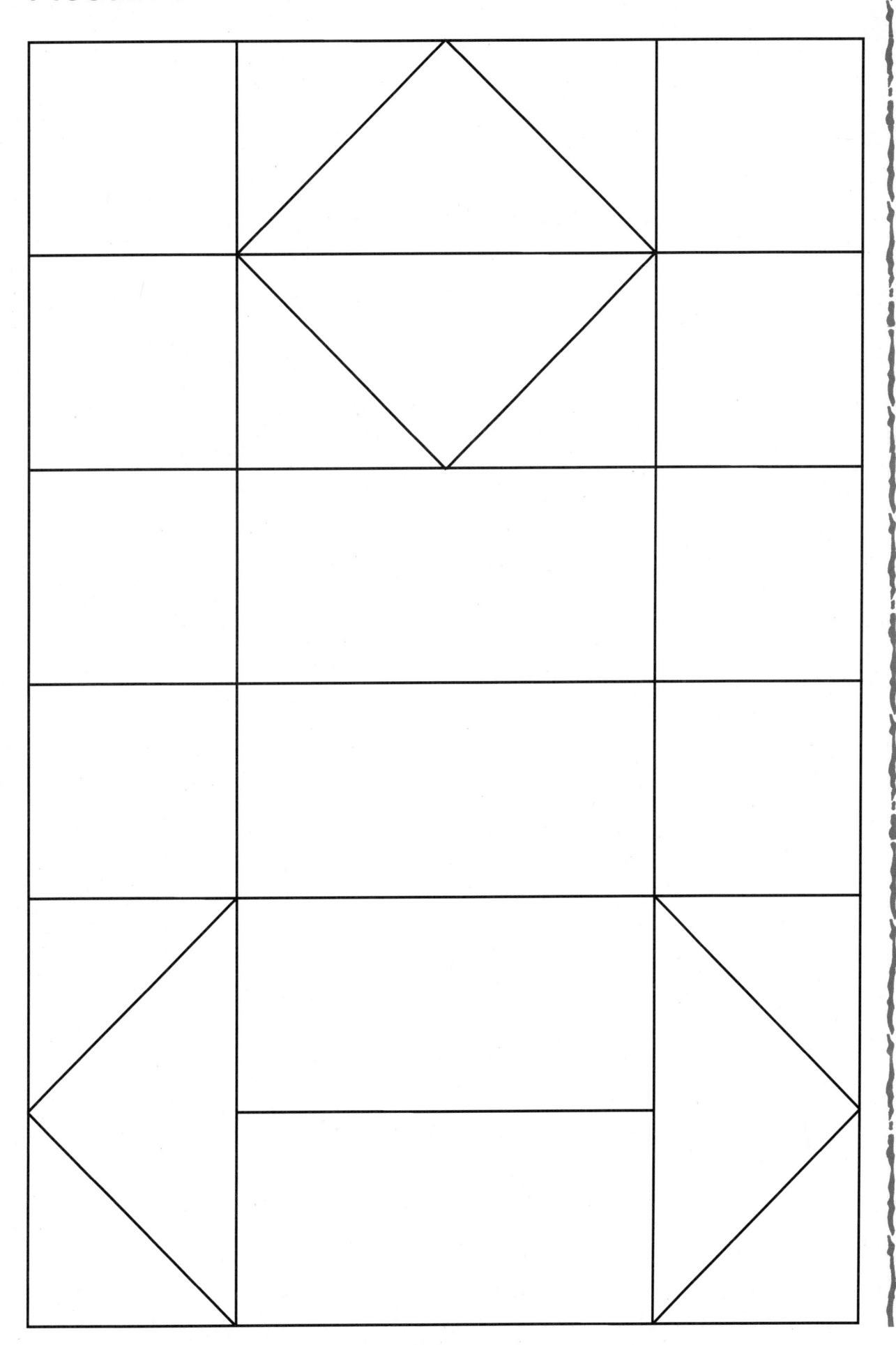

Bei dem Wort „Frühling" denke ich an ...

Schneide die Wörter aus und klebe sie unter die passenden Bilder!

Sonnenschein	leichte Kleidung	Osternest	Wandern
Osterlamm	Rollschuhe	blühende Bäume	Schaukel
Vogelnest	Fahrrad	Sandkasten	Tulpen

13

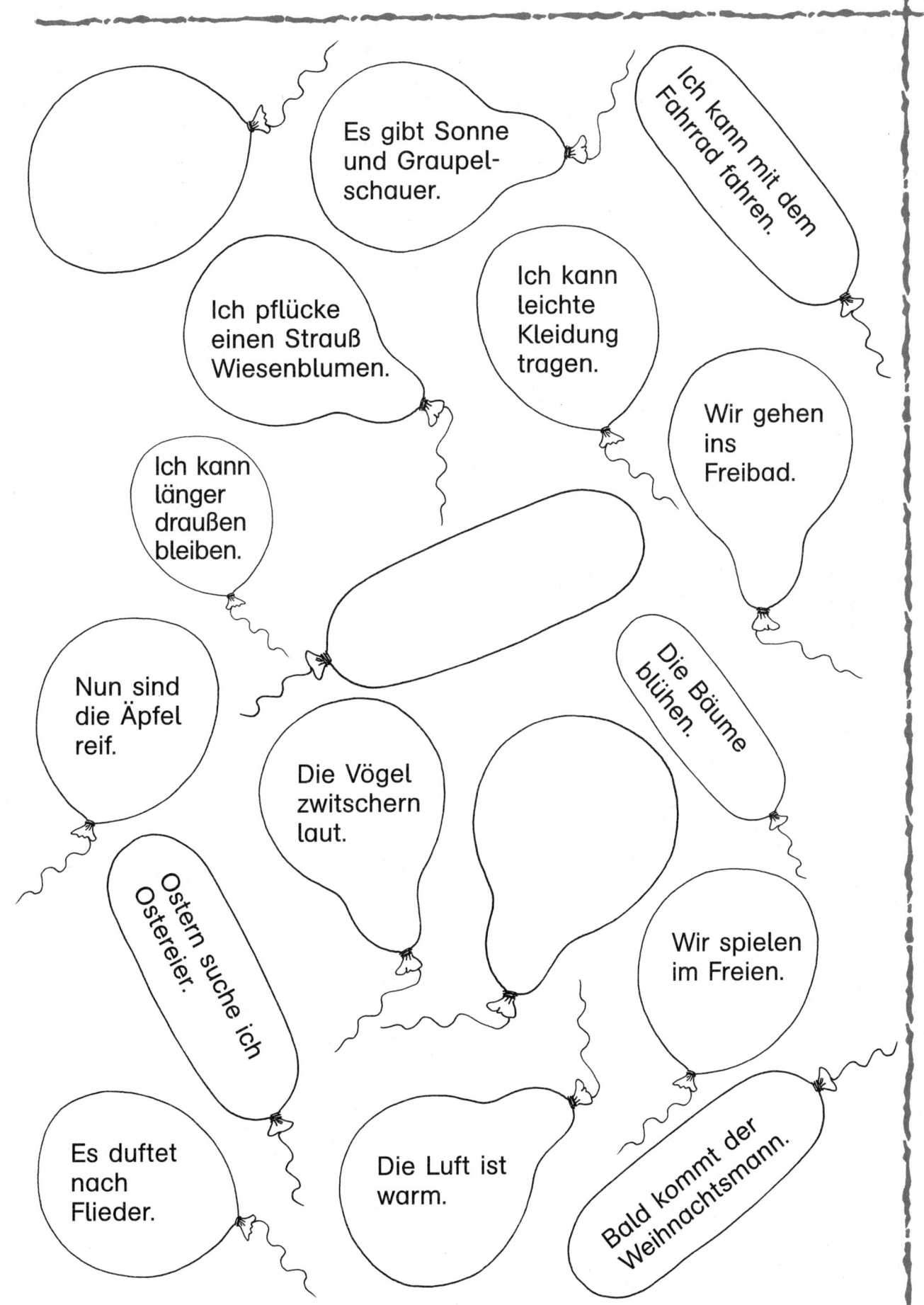

- Es gibt Sonne und Graupelschauer.
- Ich kann mit dem Fahrrad fahren.
- Ich pflücke einen Strauß Wiesenblumen.
- Ich kann leichte Kleidung tragen.
- Ich kann länger draußen bleiben.
- Wir gehen ins Freibad.
- Nun sind die Äpfel reif.
- Die Bäume blühen.
- Die Vögel zwitschern laut.
- Ostern suche ich Ostereier.
- Wir spielen im Freien.
- Es duftet nach Flieder.
- Die Luft ist warm.
- Bald kommt der Weihnachtsmann.

Welche Sätze passen nicht zum Frühling? Gehe auf Fehlersuche! Fällt dir noch etwas anderes zum Frühling ein? Schreibe es in die leeren Luftballons!

Frühlingsdomino

Male die Bilder an und schneide das Domino aus!
Spiele mit deinem Nachbarn!

☀	Schlüsselblumen sind auf der Wiese.	🌼	Junge Vögel sind im Nest.
🪺	Kinder laufen Rollschuh.	🛼	Die Bäume werden grün.
🌳	Tulpen blühen im Garten.	🌷	Junge Schäfchen sind auf der Weide.
🐑	Bunte Ostereier liegen auf dem Tisch.	🥚	Die Schwalben kehren zurück.
🐦	Schmetterlinge flattern herum.	🦋	Kinder spielen im Sandkasten.
🏖	Narzissen stehen am Weg.	🌼	Die Sonne wärmt uns alle.

Tiere im Frühling

Manche Tiere können im Winter nicht bei uns in der freien Natur leben, weil es zu kalt ist und sie keine Nahrung finden. Sie verstecken sich deshalb in einem warmen Nest und schlafen so lange, bis der Frühling gekommen ist. Manche Vogelarten verbringen den Winter in wärmeren Ländern und sie kommen zurück, wenn es auch bei uns wieder warm geworden ist. Im Frühling können wir sie alle wieder in der Natur beobachten.

Diese Tiere siehst du im Winter nicht. Kennst du sie? Schreibe ihre Namen zu den Bildern!

Bauernregeln für den Frühling

Märzenschnee tut den Saaten weh.

Lässt der März sich trocken an, bringt er Brot für jedermann.

Mai, kühl und nass,
füllt dem Bauern Scheune und Fass.

Ist der Mai recht heiß und trocken, kriegt der Bauer kleine Brocken. Ist er aber feucht und kühl, dann gibt's Frucht und Futter viel.

Wie's im April und Maien war, so schließt man aufs Wetter im ganzen Jahr.

Regen im April jeder Bauer will.

17

18

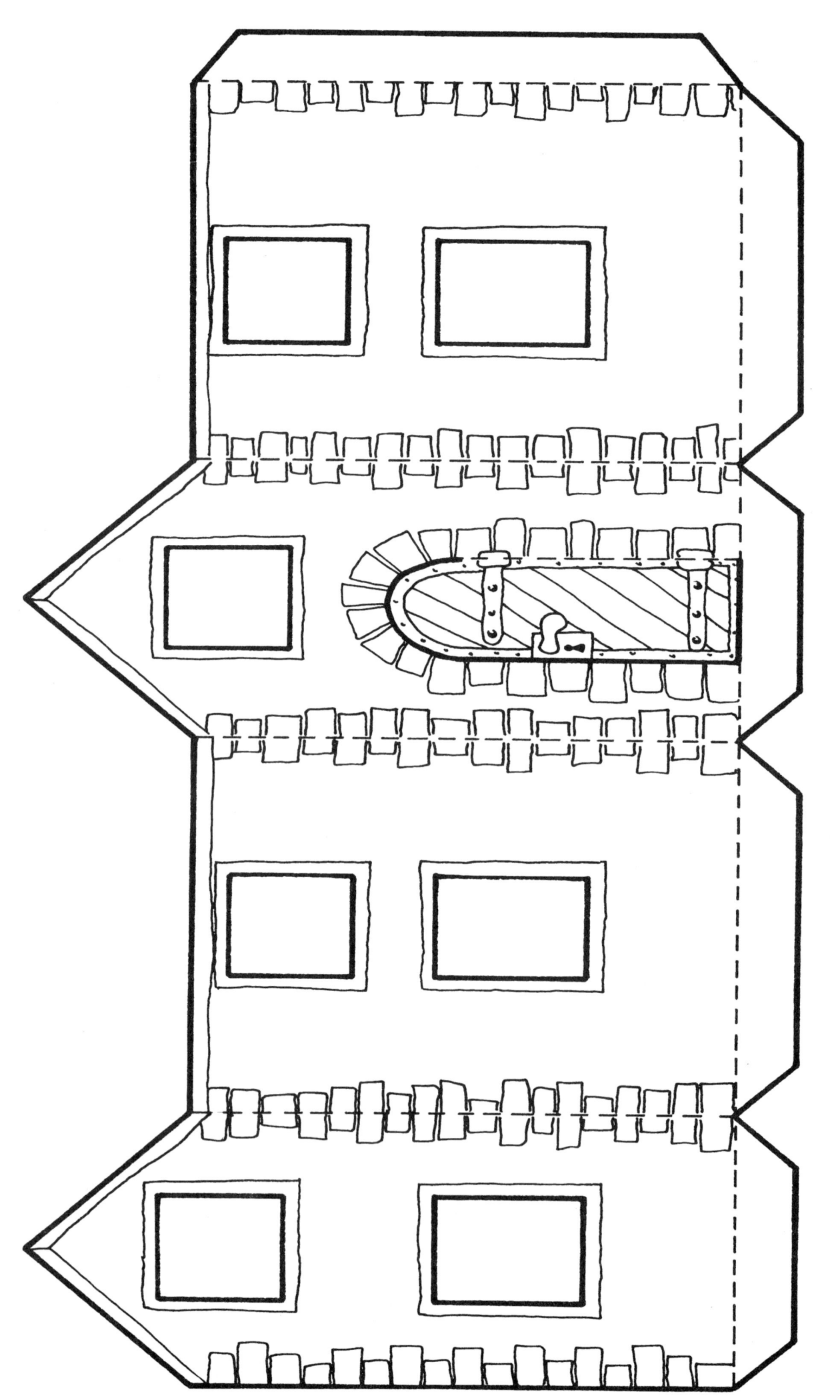

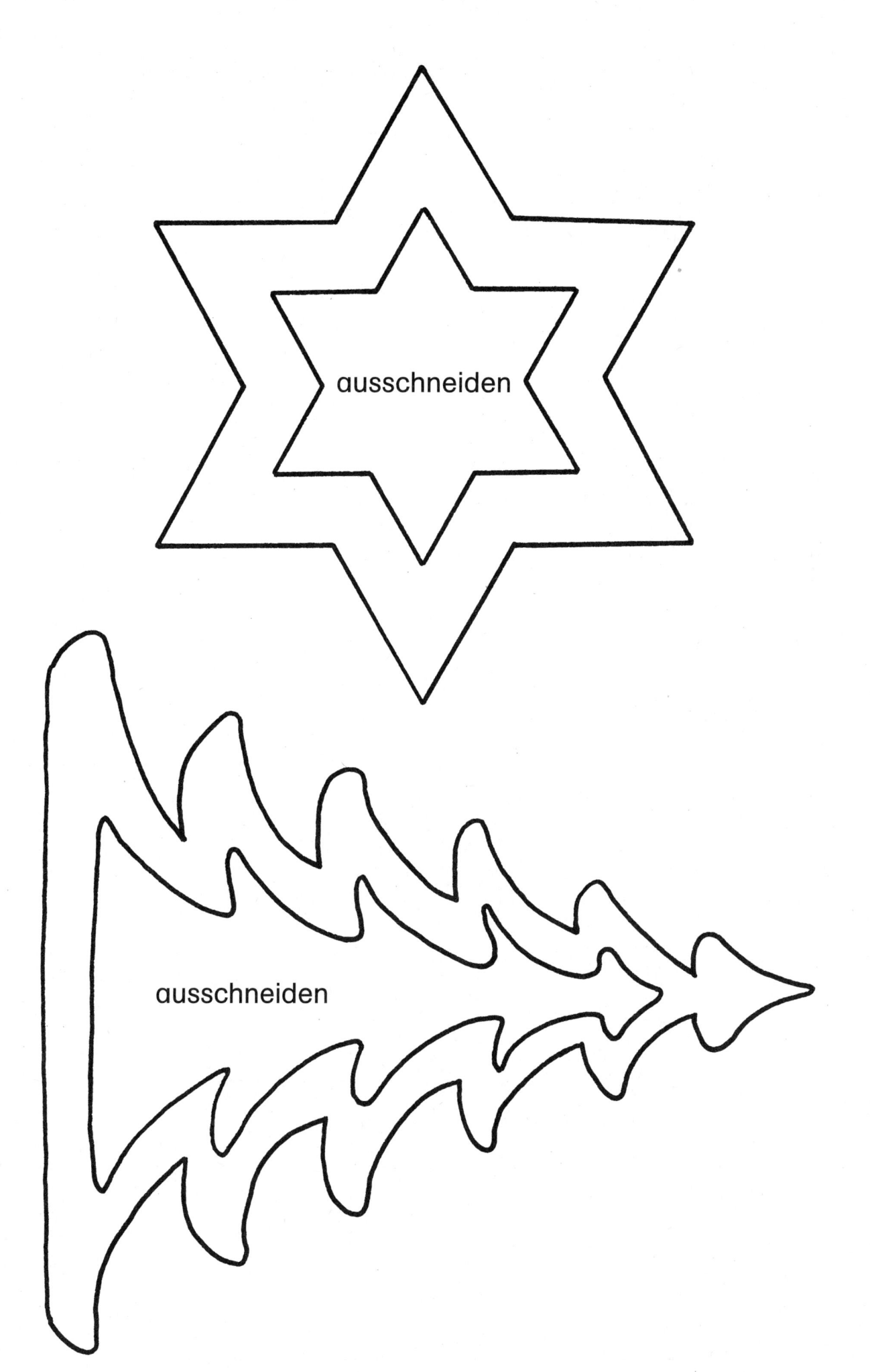

19

ausschneiden

ausschneiden

© Ernst Klett Grundschulverlag GmbH, Leipzig 1995. Von dieser Druckvorlage ist die Vervielfältigung für den eigenen Unterrichtsgebrauch gestattet.
Entnommen aus der Reihe *Unterrichtsideen*: „Fächerverbindende Themen für das 1. und 2. Schuljahr".

Der lange Wunschzettel

„Ich wünsche mir ein Schaukelpferd,
ein Fahrrad mit drei Gängen
und einen kleinen Teddybär
am Lenker festzuhängen.

Drei Märchenbücher wünsch ich mir
und einen Holzbaukasten
und auch ein kleines Tischklavier
mit schwarz und weißen Tasten.

Ein Domino, ein Puzzlespiel,
ein Kasperletheater
mit Zauberer und Krokodil,
vergiss nicht lieber Vater.

Ein Müllauto von Playmobil
und eine Feuerwehr
und Männchen auch zu diesem Spiel,
das bräuchte ich schon sehr.

Ein Süßigkeitenautomat
mit Zuckerzeug gar fein,
auch könnt ein Fernsehapparat
bei mir im Zimmer sein.

Mir fehlt, ihr wisst es sicherlich,
auch noch ein neuer Schlitten
und auch um Schlittschuh' möchte ich
noch ganz besonders bitten.

Auch Legosteine hätt' ich gerne
und eine Eisenbahn
und Stroh für kleine Weihnachtssterne,
Gebäck und Marzipan.

Auch eine Rutschbahn könnte noch
bei mir im Zimmer sein,
dann rutsch ich abends von ganz hoch
vom Schrank ins Bett hinein.

Doch ist dies alles euch zu viel
und wollt ihr daraus wählen,
so könnte wohl das Puzzlespiel
und auch das Stroh noch fehlen."

Als Stefan so gesprochen hat,
sieht man die Eltern lachen:
„Was willst du, kleiner Nimmersatt,
mit all den vielen Sachen?"

„Wer so viel wünscht" – der Vater spricht's –
„bekommt auch nicht ein Achtel,
der kriegt ein ganz klein wenig Nichts
in einer Streichholzschachtel."

Arnold Grömminger
(nach H. Seidel)

Mit Buchstaben gestalten

Schneide Buchstaben aus und klebe den Kindern Gesichter!

Buchstaben zum Ausschneiden und Aufkleben

Mit Wörtern malen

Male den Baum vollständig, aber nur mit den Wörtern
Ast, Zweig, Blatt!

Mein Bücherregal

Meine Lieblingsbücher

Schreibe die Titel deiner Lieblingsbücher auf die Buchrücken!
Schneide die Buchrücken aus und klebe sie in das Regal!

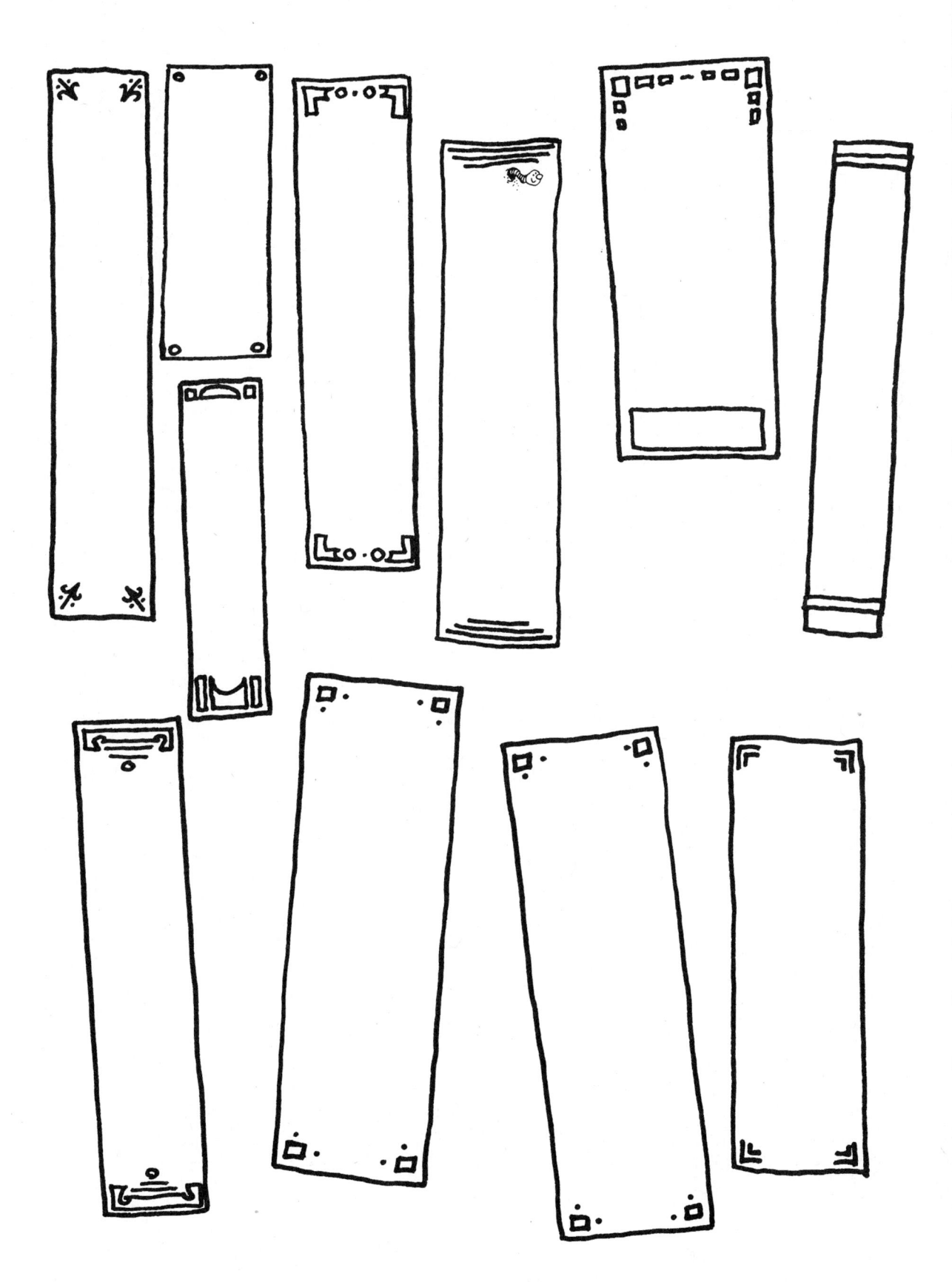

Daumenkino

Male alle Figuren genau gleich an! Schneide die Bilder aus und lege sie in der richtigen Reihenfolge aufeinander!
Lass dir beim Zusammenheften helfen.

Erntedank

Das fällt mir zu den einzelnen Buchstaben dieses Wortes ein:

E _____

R _____

N _____

T _____

E _____

D _____

A _____

N _____

K _____

Das konnten wir im Laufe des Jahres bei uns ernten:

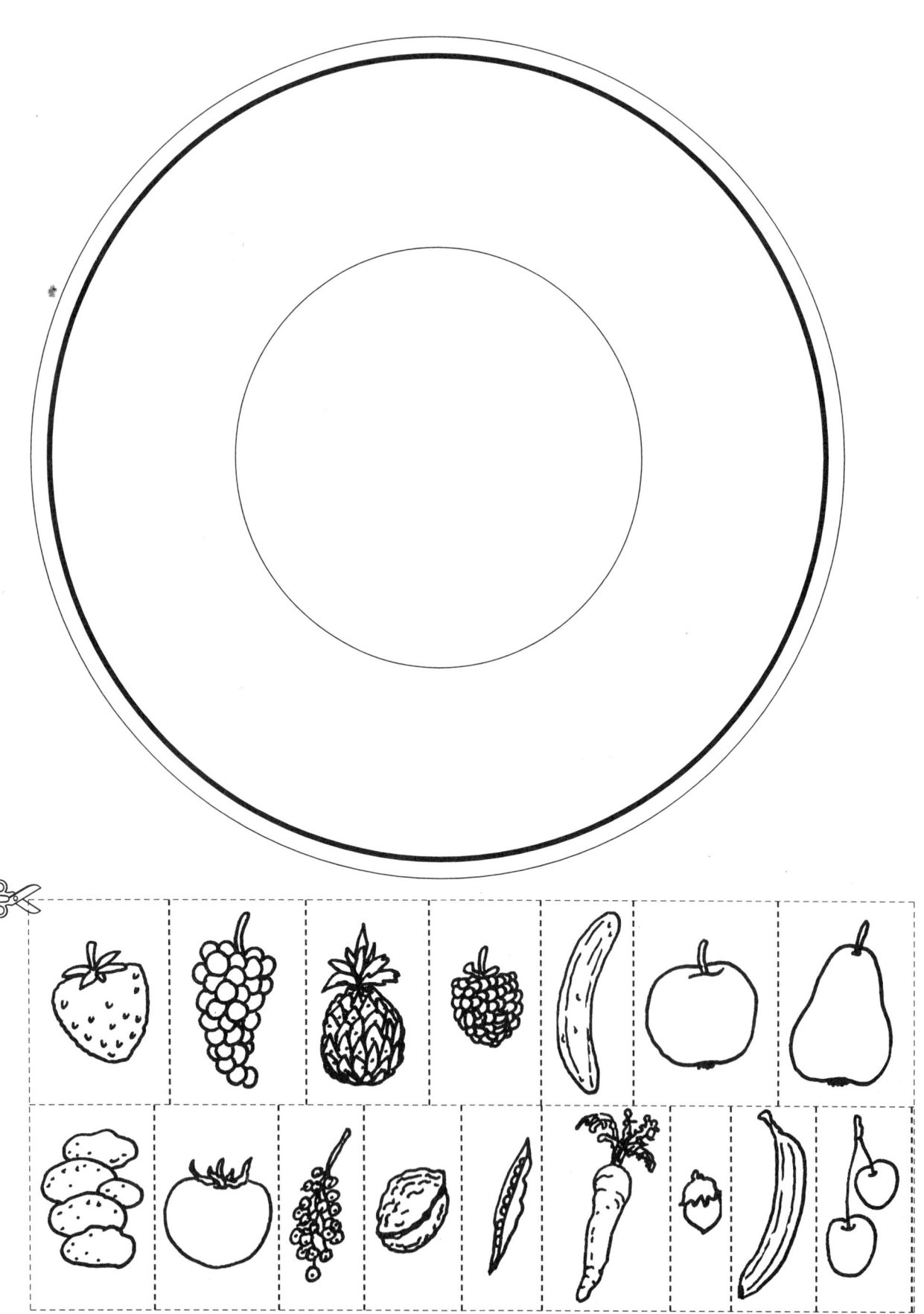

Male die richtigen Bilder an, schneide sie aus und klebe sie auf den Teller!

Rezept für _____

Dazu braucht man:

So wird es gemacht:

Düsenflieger aus Papier

Nimm ein Blatt Papier (DIN A4) und falte die Linien genau nach!

Lass den Flieger durch verschiedene Räume fliegen!

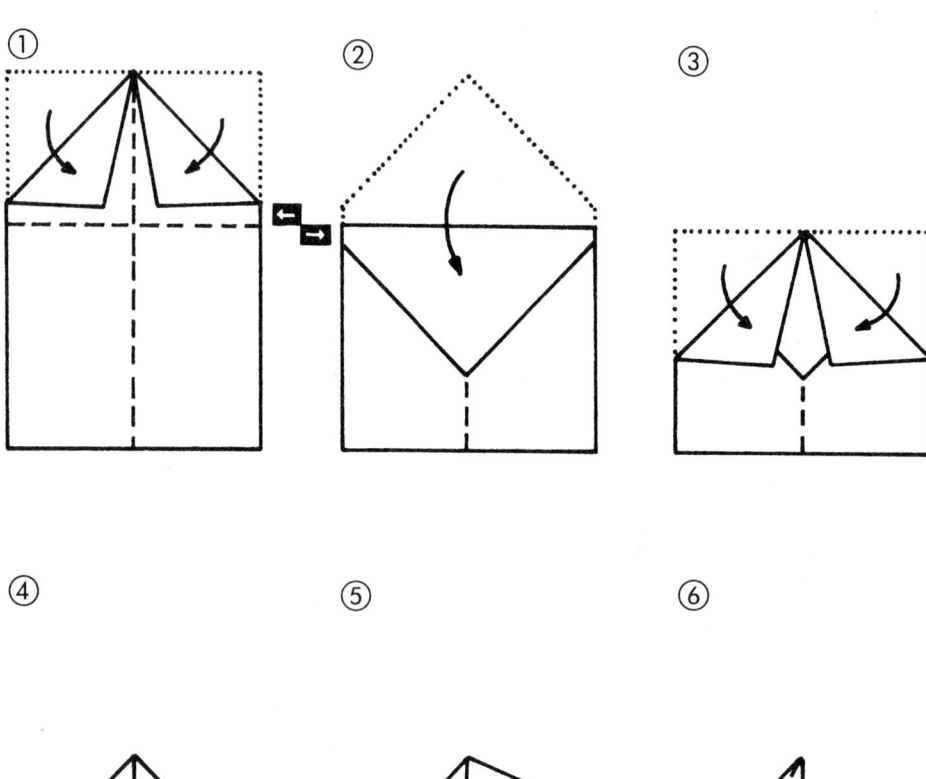

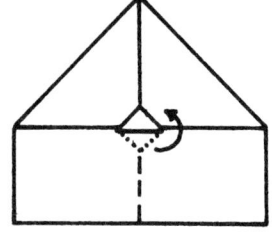

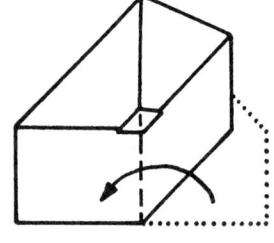

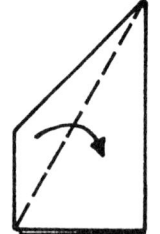

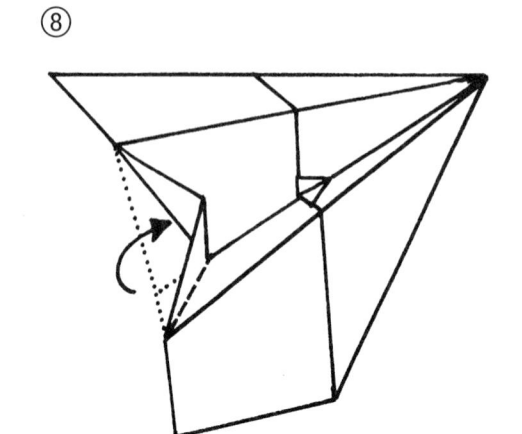

Fahrzeuge in der Luft, auf dem Wasser, auf dem Land

Male die Fahrzeuge an, schneide sie aus und klebe sie an den richtigen Stellen in das Bild!

Fahrzeuge in der Luft, auf dem Wasser, auf dem Land

Der Ball

30

Hier riecht es nach . . .

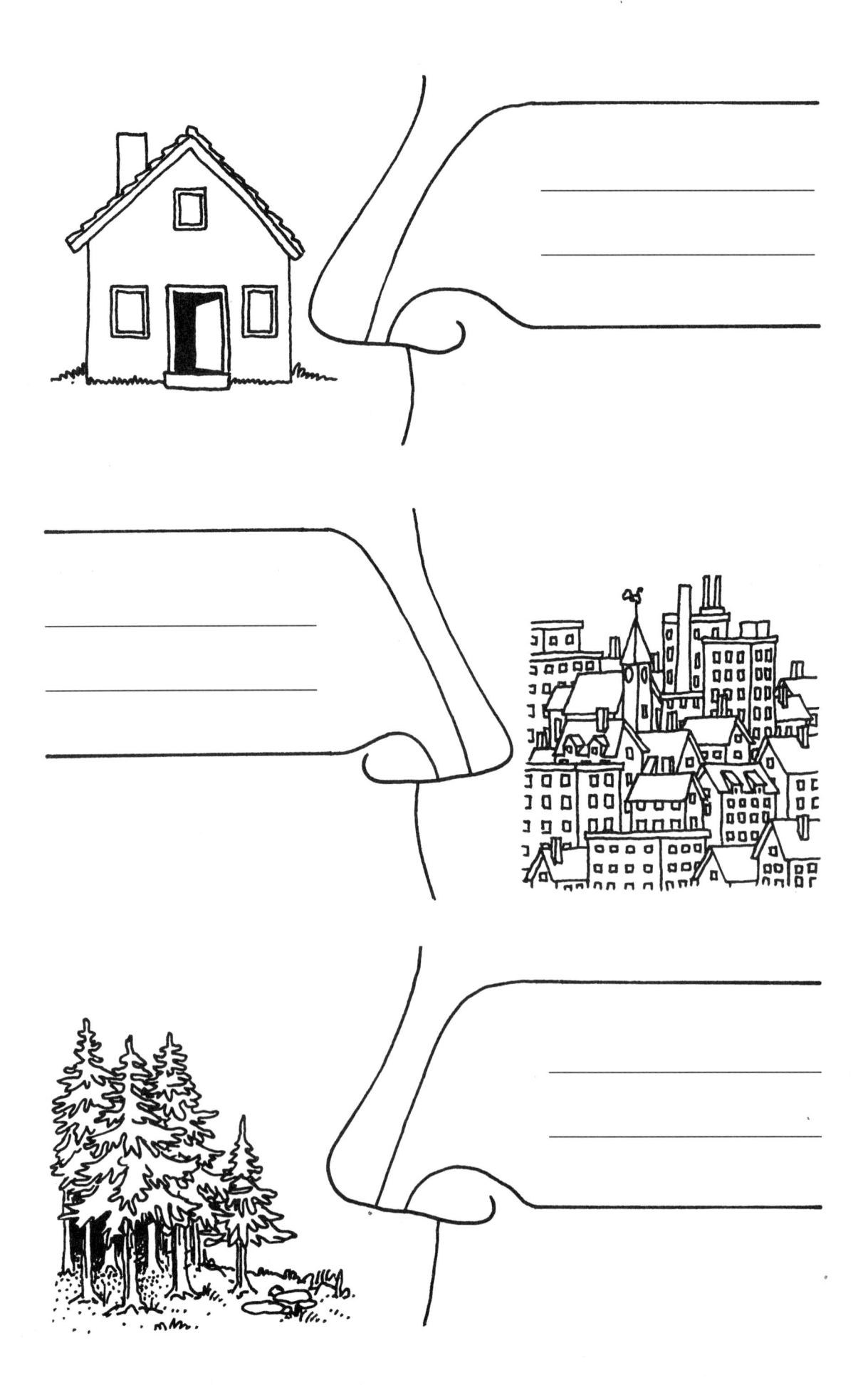

Das rieche ich gern:

Das mag ich gar nicht riechen:

Irrgärten

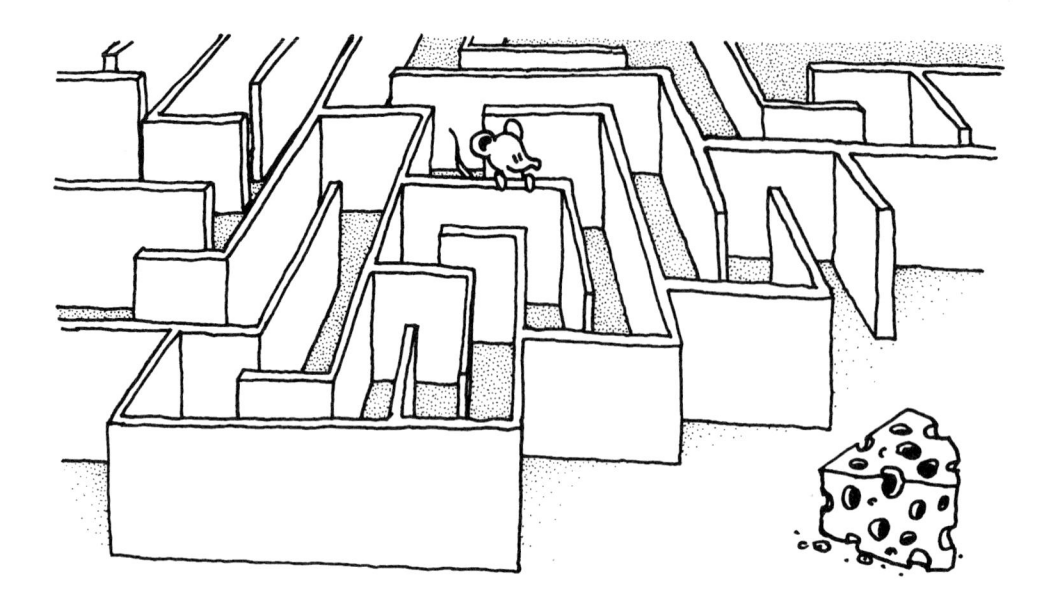

Male für den Einbrecher einen Irrgarten!

Das Spiel vom Tauschen

Arnold Grömminger

Sprecher: Vor langer, langer Zeit kannten die Menschen noch kein Geld. Wenn Sie etwas brauchten, tauschten sie mit jemandem. Manchmal war es aber gar nicht einfach das zu bekommen, was man brauchte. Wir spielen euch jetzt die Geschichte vom Töpfer, der für seine Familie einen Fisch zum Essen haben wollte.

(Am Ufer sitzt der Fischer, neben ihm liegt ein großer Fisch. Der Töpfer kommt mit einem großen Topf.)

Töpfer: Ich brauche für meine Familie einen großen Fisch. Hier ist ein schöner Topf. Gib mir den Fisch dafür.

Fischer: (betrachtet den Topf) Es ist wirklich ein schöner Topf. Aber ich brauche im Augenblick keinen Topf. Ein Messer bräuchte ich dringend. Bring mir ein Messer und ich gebe dir den Fisch.

(Der Töpfer geht zum Schmied, der gerade mit einem Stein ein Messer schleift.)

Töpfer: Hier ist ein schöner Topf. Kann ich dafür ein Messer bekommen? Ich brauche eigentlich kein Messer, aber der Fischer braucht eines und wenn ich ihm das Messer bringe, tauscht er es mir gegen einen Fisch.

Schmied: Es ist wirklich ein schöner Topf. Aber ich brauche keinen Topf, ich brauche neue Schuhe. Bring mir die Schuhe, dann gebe ich dir das Messer gerne.

(Der Töpfer geht zum Schuhmacher, der ein Stück Leder klopft.)

Töpfer: Hier ist ein schöner Topf. Gibst du mir dafür ein Paar Schuhe? Ich brauche keine Schuhe, aber der Schmied braucht Schuhe und der gibt mir dann ein Messer dafür. Das bringe ich dem Fischer und der gibt mir dann den Fisch.

Schuhmacher: Ein schöner Topf, wirklich. Aber ich brauche im Augenblick keinen Topf. Wir haben aber noch kein Brot zum Essen für die nächsten Tage. Bring mir Brot und ich gebe dir die Schuhe.

(Der Töpfer geht zum Bäcker, der gerade Teig knetet.)

Töpfer: Hier habe ich einen schönen Topf. Gibst du mir ein paar Brote dafür? Ich brauche heute zwar kein frisches Brot, aber der Schuhmacher braucht es und er gibt mir ein paar Schuhe dafür. Die bringe ich dann dem Schmied und der gibt mir ein Messer dafür. Das Messer bekommt der Fischer und der gibt mir den Fisch. Den brauche ich für meine Familie.

Bäcker: (prüft den Topf)
Ein sehr schöner Topf! Einen solchen Topf kann ich gut gebrauchen. Gerade gestern ist mir einer zerbrochen. Ich nehme ihn gerne und gebe dir dafür die Brote.

(Der Töpfer nimmt die Brote und geht damit zum Schuhmacher.)

Töpfer: Hier sind die Brote.
Schuhmacher: Ich danke dir. Hier, nimm die Schuhe, die du brauchst für deinen Tausch.

(Der Töpfer nimmt ein Paar Schuhe und geht zum Schmied.)

Töpfer: Hier sind die Schuhe, die du haben wolltest.

(Der Schmied probiert die Schuhe an.)

Schmied: Sie passen mir gut. Und da ist das beste Messer, das ich habe. Nimm's!

(Der Töpfer nimmt das Messer und geht zum Fischer.)

Töpfer: Ich habe ein gutes Messer für dich. Ich habe es beim Schmied gegen Schuhe eingetauscht und die habe ich für Brote bekommen, die der Schuhmacher brauchte. Der Bäcker brauchte meinen Topf und hat mir dafür die Brote gegeben. Gib mir nun den Fisch.

Fischer:	Ein gutes Messer. Hier ist der Fisch. Ich habe ihn mit nassem Gras zugedeckt, damit er schön frisch bleibt. (gibt ihm den Fisch, beide ab)
Sprecher:	**Viel Mühe hatte der Töpfer, bis er endlich zu seinem Fisch gekommen war. Wieder zu Hause klagte er seiner Frau sein Leid.**
Töpfer:	Stell dir vor, wie oft ich tauschen musste, bis ich den schönen Fisch bekam. Der Fischer brauchte keinen Topf, sondern ein Messer, der Schmied brauchte auch keinen Topf, sondern neue Schuhe, der Schuhmacher brauchte Brot und erst der Bäcker wollte meinen Topf. Vom Bäcker bin ich zum Schuhmacher zurückgegangen, habe ihm die Brote gebracht und die Schuhe geholt, dann bin ich zum Schmied und vom Schmied wieder zum Fischer gelaufen.
Frau:	Jeder braucht etwas, aber es sind nicht immer Töpfe und Krüge.
Töpfer:	Und manchmal dauert es endlos lange, bis man den gefunden hat, der gerade einen Topf braucht.
Frau:	(nachdenklich) Es müsste etwas geben, das jeder zum Tausch nimmt, das man gegen Fisch oder Schuhe oder Werkzeug tauschen kann.
Töpfer:	Das ist eine großartige Idee. Aber was?
Frau:	Es müsste etwas Wertvolles sein, das die anderen auch wollen und deshalb gerne eintauschen und das sie dann wieder gegen etwas eintauschen können, das sie brauchen.
Töpfer:	Gleich morgen will ich mit allen über deinen Vorschlag sprechen.
Sprecher:	**So ungefähr könnte es gewesen sein, als die Idee vom Geld entstanden ist. Jedenfalls haben die Menschen schon bald edle Metalle und kostbare Steine als Tauschmittel benutzt. Wenn nun jemand einen Topf wollte, ging er zum Töpfer und tauschte ihn gegen Münzen aus Gold oder Silber ein. Damit konnte der Töpfer dann zum Fischer gehen, wenn er einen Fisch wollte. Alles war viel einfacher geworden.**

Wenn ich Geld machen dürfte, würde es so aussehen:

Flohmarkt

Auf dem Spielzeug-Flohmarkt darfst du für 10 DM einkaufen. Überlege gut, was du unbedingt haben möchtest und worauf du verzichten könntest! Male die Preisschilder der von dir ausgesuchten Dinge farbig an und prüfe, ob dein Geld reicht!

Auf der Traumwolke

Brauchen und nicht brauchen

Zum Beginn des Schuljahres möchtest du einige neue Sachen haben. Deine Eltern wollen dafür höchstens 40 DM ausgeben. Prüfe die Angebote und notiere, was du unbedingt brauchst! Denke auch an den Umweltschutz!

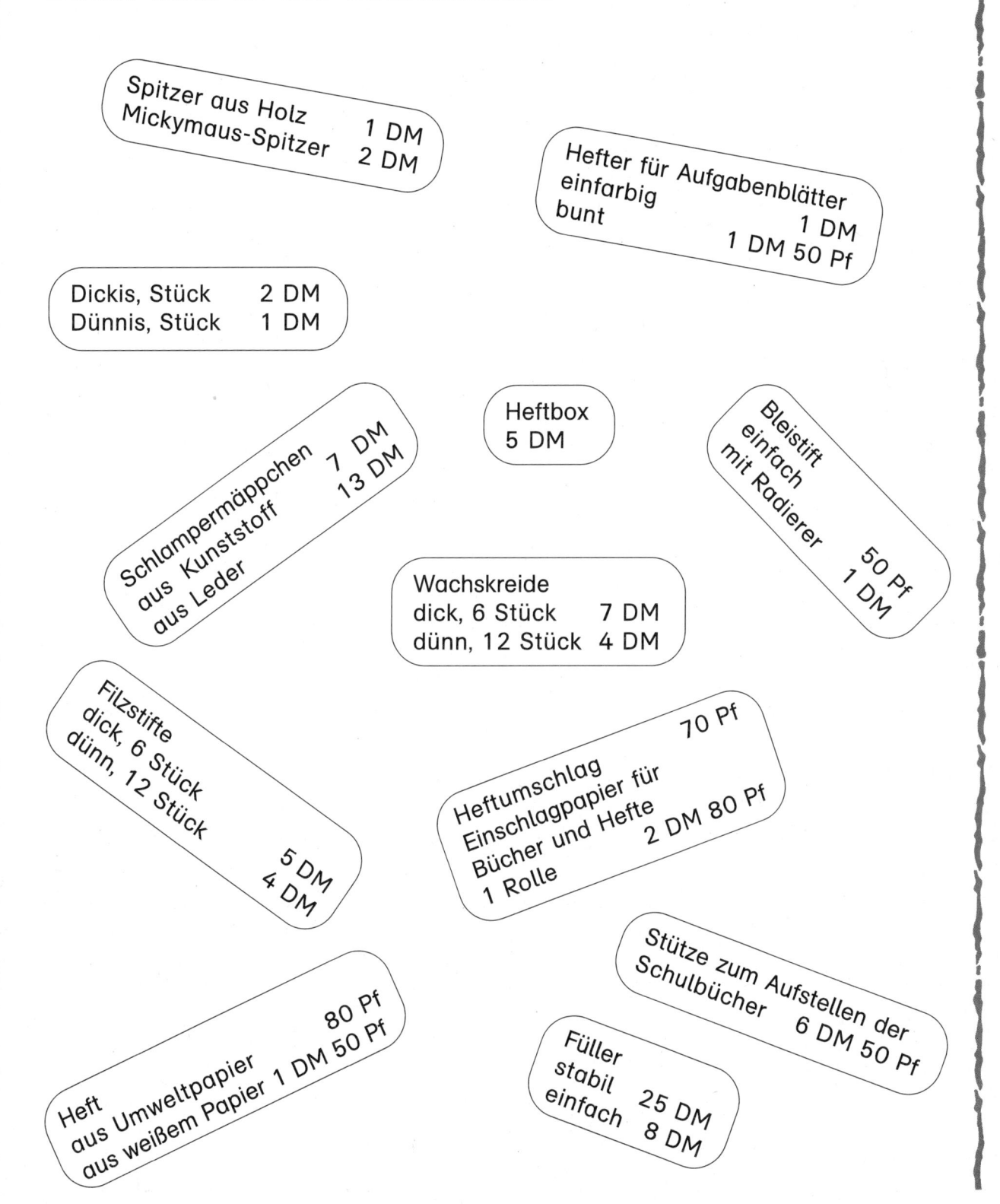

Spitzer aus Holz 1 DM
Mickymaus-Spitzer 2 DM

Hefter für Aufgabenblätter
einfarbig 1 DM
bunt 1 DM 50 Pf

Dickis, Stück 2 DM
Dünnis, Stück 1 DM

Schlampermäppchen
aus Kunststoff 7 DM
aus Leder 13 DM

Heftbox 5 DM

Bleistift
einfach 50 Pf
mit Radierer 1 DM

Wachskreide
dick, 6 Stück 7 DM
dünn, 12 Stück 4 DM

Filzstifte
dick, 6 Stück 5 DM
dünn, 12 Stück 4 DM

Heftumschlag
Einschlagpapier für Bücher und Hefte 70 Pf
1 Rolle 2 DM 80 Pf

Heft
aus Umweltpapier 80 Pf
aus weißem Papier 1 DM 50 Pf

Stütze zum Aufstellen der Schulbücher 6 DM 50 Pf

Füller
stabil 25 DM
einfach 8 DM

Dreieck – Kreis – Quadrat

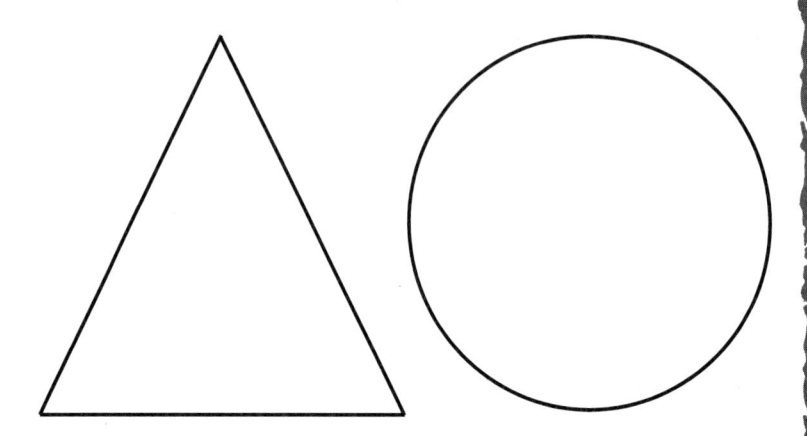

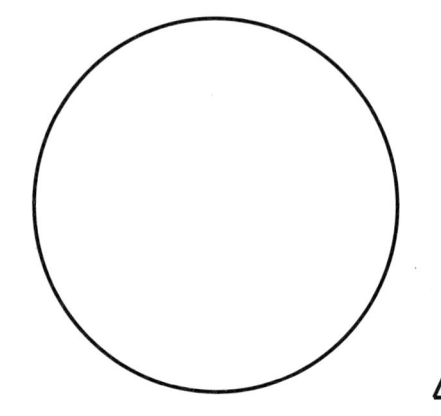

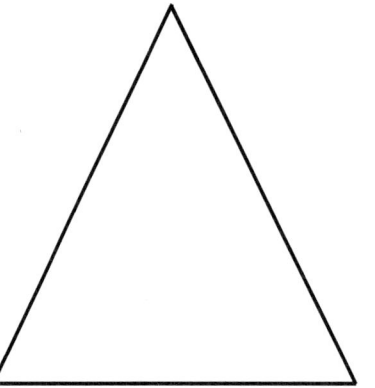

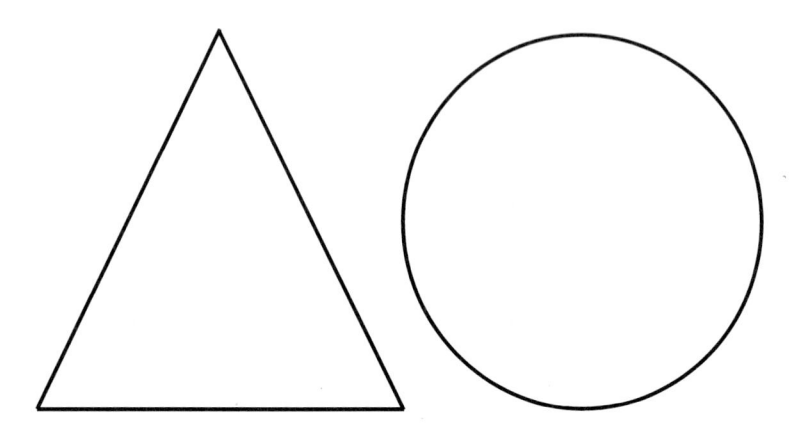

Das Märchen vom Anderssein

Es waren einmal ein trauriger Mann und eine traurige Frau.
Weil sie beide so traurig waren und sich so gut verstanden,
heirateten sie und bekamen traurige Kinder.
Die wiederum gewöhnten sich so an das Traurigsein,
dass sie sogar traurig waren,
wenn sie einmal nicht traurig waren.
Deshalb heiratete die traurige Tochter der traurigen Eltern
wieder einen traurigen Mann
und der traurige Sohn heiratete eine traurige Frau.
Sie bekamen wieder viele traurige Kinder.
Ein glückliches jedoch war dabei,
aber davon wollte niemand sprechen.
Es war ein glücklicher Junge
und er wurde glücklicher, je älter er wurde.
Als er schließlich ein glücklicher Mann war,
rief er eines Tages die ganze Verwandtschaft zusammen
und fing an zu reden:
„Meine lieben traurigen Verwandten.
Es tut mir sehr leid, dass ich nicht traurig sein kann,
aber ich bin so glücklich darüber, dass ich glücklich bin,
dass ich gern eine glückliche Frau heiraten will,
die mir glückliche Kinder schenkt.
Ihr braucht mir nicht böse sein,
wenn ich euch jetzt verlassen werde,
denn es hat sein Gutes.
Ihr werdet traurig sein und ich glücklich!"

Unbekannter Verfasser

Inga

Als Inga aus der Schule nach Hause kam,
war der Vater so komisch.
„Ist etwas?", fragte sie.

„Es ist etwas Trauriges passiert.
Dein Häschen ist tot",
sagte er.

Einige Augenblicke war Inga ganz still,
dann füllten sich ihre Augen mit Tränen.
Der Vater nahm sie in die Arme.

„Wo ist Nischka?
Kann ich ihn sehen?",
fragte sie.

„Ich habe ihn draußen im Garten
zwischen den beiden Büschen begraben",
sagte der Vater.

„Ich hätte ihn doch so gern
noch einmal gesehen",
sagte Inga und ging hinaus.

Nach einiger Zeit kam sie
zurück
und ging in ihr Zimmer.

Arnold Grömminger